# 10대를 위한
# 요즘 경제학

**사진 출처**

| | |
|---|---|
| 9 | 손흥민 선수(연합뉴스) |
| 22 | 카카오페이 안내문(연합뉴스) |
| 196 | 광군제(연합뉴스) |

그 외 셔터스톡(www.shutterstock.com)

# 10대를 위한 요즘 경제학
너만 모르는 최신 경제 키워드18

글 김나래, 이에라 | **그림** 한하림
**펴낸날** 2021년 7월 27일 초판 1쇄, 2026년 1월 10일 초판 6쇄
**펴낸이** 신광수 | **출판사업본부장** 강윤구 | **출판개발실장** 위귀영
**아동인문파트** 김희선, 박인의, 설예지, 이현지 | **출판디자인팀** 최진아, 당승근
**출판기획팀** 정승재, 김마이, 박재영, 이아람, 전지현
**출판사업팀** 이용복, 민현기, 우광일, 김선영, 이강원, 허성배, 정유, 정슬기, 정재욱, 박세화, 김종민, 정영묵
**출판지원파트** 이형배, 이주연, 이우성, 전효정, 장현우
**펴낸곳** (주)미래엔 | **등록** 1950년 11월 1일 제16-67호 | **주소** 서울특별시 서초구 신반포로 321
**전화** 미래엔 고객센터 1800-8890 **팩스** 541-8249 | **홈페이지 주소** www.mirae-n.com

ISBN 979-11-6413-838-8 73320

*책값은 뒤표지에 있습니다. 파본은 구입처에서 교환해 드리며, 관련 법령에 따라 환불해 드립니다.
  다만, 제품 훼손 시 환불이 불가능합니다.

# 10대를 위한 요즘 경제학

김나래, 이에라 글
한하림 그림

너만 모르는 최신 경제 키워드 18

Mirae N 아이세움

## 경제와 친구가 되면
## 여러분의 미래가 달라질 거예요

여러분, '경제'라는 단어를 한번 떠올려 보세요. 가장 먼저 어떤 느낌이 드나요? 많은 친구들이 '경제는 어렵다.'고 생각할 거예요. 뉴스나 신문에서 만나는 경제는 어려운 말투성이고, 아무리 들어도 금방 이해하기 힘들지요. 하지만 경제가 어렵다고 멀리한 사람과 경제와 친구가 된 사람 앞에 펼쳐질 미래는 서로 다른 모습일 거예요.

주식 천재 워런 버핏, 페이스북 창시자 마크 저커버그, 그리고 아마존을 만든 제프 베이조스까지 세계적인 부자들의 공통점은 무엇일까요? 바로 걸음마 시절부터 경제 교육을 철저하게 받은 유대인이라는 점입니다. 유대인들은 일찍부터 절약하고 저축하는 습관을 기르고 투자를 배우면서 경제관념을 익힌다고 해요. 그 덕분에 유대인은 가장 많은 노벨상 수상자를 배출했고, 세계 100대 기업 중 40퍼센트를 소유한 민족이 되었어요.

이 책을 만들게 된 이유가 바로 여기에 있습니다. 여러분이 조금이라도 빨리 경제를 만나 더 나은 미래를 준비하면 좋겠다는 바람이 생졌거든요. 그래서 요즘 꼭 알아야 하는 경제 상식과 키워드를 뽑아 한 번쯤 겪어 봤을 법한 익숙한 사례와 엮어 재미있게 풀어냈어요. 햄버거를 주문할 때 이용하는 키오스크, 인기 있는 게임기 회사의 주식, 내가 사는 아파트의 가격, 더 이상 빨대를 주지 않는 카페처럼 우리 주변에 있는 모든 일들이 경제적 의미를 담고 있다는 사실을 알게 될 거예요.

본문에서는 지루한 설명 대신, 간결한 글과 강렬한 이미지를 카드 뉴스처럼 구성하여 마치 짤막한 영상을 보는 듯한 느낌을 가질 수 있도록 했어요. 또 각 장의 마지막에 있는 '생각 주머니' 코너를 통해 요즘 뜨거운 감자로 떠오르고 있는 여러 이슈들에 대해 자유롭게 생각하고 의견을 나누며 논술과 토론에 대비할 수 있도록 했답니다.

전체적인 경제의 흐름과 개념을 이해하기 위해 필요할 때마다 이론적인 내용을 담긴 했지만, 이 책은 '공부'하는 책이 아니에요. 부담감은 내려놓고, 호기심만 준비해서 이 책을 읽어 주세요. 그리고 마지막 장을 덮은 뒤, 다시 한번 여기로 돌아와 이 질문에 대답해 주세요.

"경제라는 단어를 떠올리면 어떤 느낌이 드나요?"

만약 경제에 대해 조금 더 알고 싶어졌다면, 여러분의 미래는 이미 달라지고 있어요.

김나래, 이에라

## 차례

들어가는 말 **4**

**01** 손흥민의 연봉은 우리나라 경제에 포함될까요? **8**

**02** 스마트폰으로 세뱃돈 넣어 주세요! **20**

**03** 거스름돈을 포인트로 적립해 드릴까요? **32**

**04** 지금은 무인 시대, 언택트 서비스 **44**

**05** 현금 영수증을 꼬박꼬박 챙겨요! **54**

**06** 비트코인과 블록체인 **70**

**07** 스스로 운전하는 자율 주행 자동차 **82**

**08** '자전거부터 집까지' 모든 것을 빌려주고 빌려 쓰는 시대 **94**

**09** 저축이냐 투자냐, 그것이 문제로다! **104**

**10** 엘사 인형 대신 디즈니 주식! **116**

**11** 왜 집값은 자꾸 올라요? **130**

**12** 경제가 나빠도 안전한 도피처, 금! **142**

**13** 나이 많은 우리나라 **150**

**14** 나이 들어도 안정된 삶을 살고 싶다면? **160**

**15** 최소한의 인간다운 삶, 기본 소득 **170**

**16** 기름값과 비행기표의 관계는? **180**

**17** 중국 vs 미국, 세계 경제 1등은 누구? **192**

**18** 옥수수 빨대와 ESG **202**

참고 문헌 **213**
찾아보기 **223**

# 01

## 손흥민의 연봉은 우리나라 경제에 포함될까요?

## GDP

한 나라 안에서 일정 기간 동안 생산한 최종 재화와 서비스의 시장 가치를 모두 합친 경제 지표로 '국내총생산'을 뜻해요.

## GNP

한 나라의 국적을 가진 사람들이 국내외에서 일정 기간 동안 생산한 최종 재화와 서비스의 시장 가치를 합친 경제 지표로, '국민총생산'이에요. GDP의 기준이 영토인 반면, GNP의 기준은 국적이라고 보면 돼요.

우리나라 축구 선수 중
가장 돈을 많이 버는 선수는?

바로 '슈퍼손' 또는 '소니'라 불리는
손흥민 선수예요.

세계 최고 실력을 가진 축구 선수들이 모인
영국 프리미어 리그에서 활약하는
손흥민 선수가 받는 돈은
**1주일에 2억 원**이 넘어요.

**2억 원 x 52주(1년) = 104억 원**

그러니까, 손흥민 선수는 1년에
**100억 원 이상** 버는 거예요!

전 세계에서 케이팝 열풍을 이끌고 있는
**방탄소년단(BTS)**도 엄청난 돈을 벌고 있어요.

미국 경제 잡지인 〈포브스〉가 발표한 바에 따르면, BTS는 '2020년 세계에서 수입이 가장 많은 유명인' 47위에 올랐어요. 1년 동안 벌어들인 수입이 5000만 달러(약 550억 원)라고 해요.

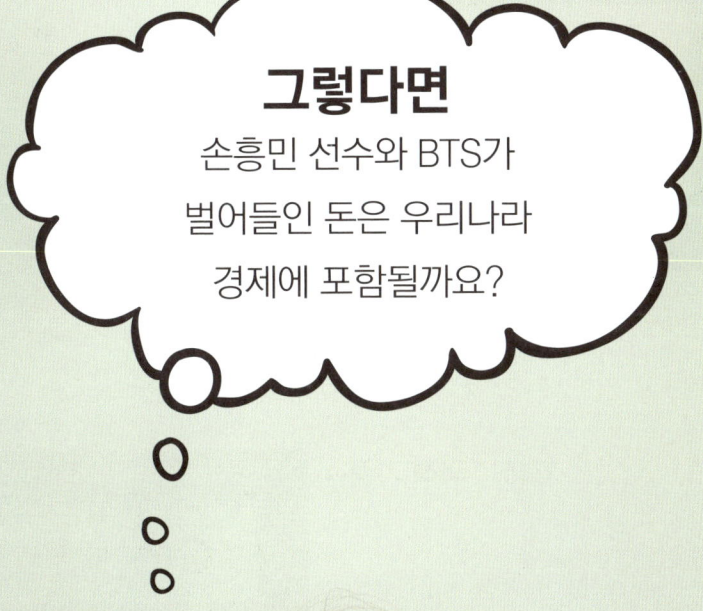

그렇다면 손흥민 선수와 BTS가 벌어들인 돈은 우리나라 경제에 포함될까요?

여기에 대답을 하려면, 먼저 GDP와 GNP를 알아야 해요.
GDP와 GNP는 한 나라의 경제 규모를 알 수 있는 지표예요.
다른 말로 경제 성적표!

**GDP : 영토 기준**
일정 기간 동안 국내에서
생산된 최종 재화와 서비스의
시장 가치를 모두 합한 것

**GNP : 국적 기준**
한 나라의 국적을 가진
사람들이 일정 기간 동안
국내외에서 생산한 최종 재화와
서비스의 시장 가치를 합한 것

따라서 손흥민 선수가 **해외에서 벌어들인 소득은**
GNP에 포함되지만, **GDP에는 포함되지 않아요.**
대신 국내에서 광고나 방송 활동으로 번 돈은
GDP와 GNP에 모두 합산돼요.

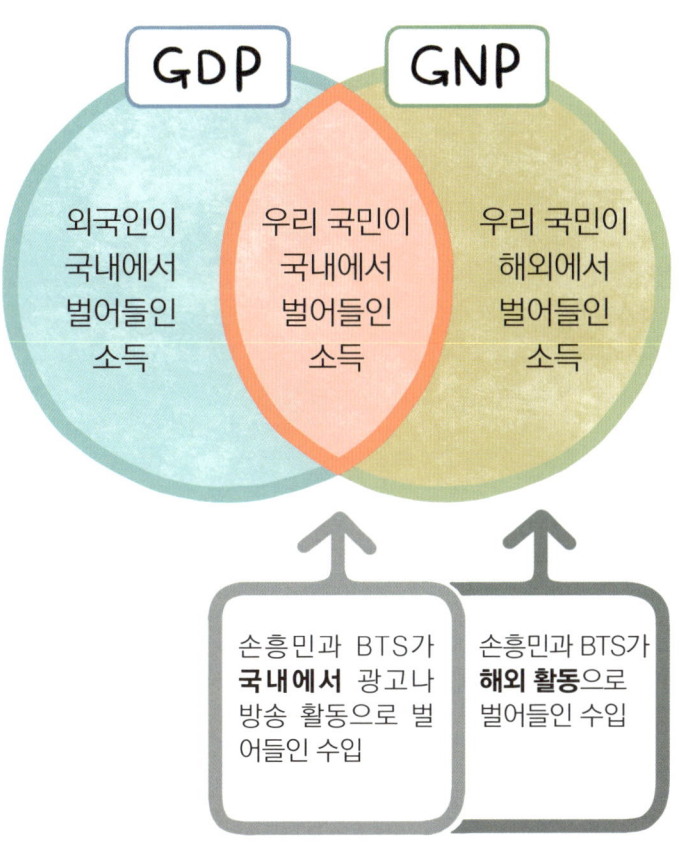

예전에는 GNP를 많이 사용했는데
요즘은 주로 GDP를 사용해요.

해외로 진출한 국민과 기업이 많아졌고,
외국 기업이나 외국인 노동자들이 우리나라에 들어와
경제 활동을 하는 경우도 많기 때문이에요.

그래서 국내 경제 사정을 파악하려면
**국적보다는 영토를 기준으로**
소득을 계산하는 것이 더 정확해요.

GDP가 세계화 시대에 좀 더 적합한
경제 성적표라고 할 수 있어요.

## 하지만 GDP가 국민들의 생활 수준을 정확하게 말해 주진 않아요.

주부의 가사 노동이나 봉사 활동처럼
시장에서 거래되지 않는 재화와 서비스는 포함되지 않고,
환경 오염 같은 외부 요인도 GDP로는 파악하기 어렵거든요.

GDP의 의미와 한계를 충분히 이해한 뒤,
경제를 분석한다면 더 많은 것을 볼 수 있을 거예요.

## 잘사는 나라에 살면 나도 행복할까?

대한민국의 2020년 GDP는 약 1933조 원으로 세계 10위 수준이예요. 1위는 미국, 2위는 중국, 3위는 일본 순이고요. GDP가 높을수록 경제 규모가 크고 세계에서 영향력 있는 국가라고 할 수 있어요.

GDP로 전체적인 경제 규모는 알 수 있지만 국민들의 생활 수준을 꼼꼼하게 파악하긴 어려워요. 인구가 많아져 생산량이 높아지면 GDP도 올라가기 마련이니까요. 그래서 국민들의 생활 수준을 비교하려면 한 나라의 국민이 국내외 경제 활동으로 벌어들인 소득인 '1인당 GNI(국민총소득)'를 살펴봐야 해요. 우리나라의 경제 규모는 해마다 늘어, 1945년 당시 1인당 GNI가 70달러였는데 2017년에는 3만 달러를 넘었어요. 정말 눈부신 발전이라고 할 수 있지요. 그렇다면 경제가 성장한 만큼 국민들의 행복도 커졌을까요?

유엔 산하 자문 기구인 지속가능발전해법네트워크(SDSN)에서는 해마다 '세계 행복 보고서'를 발표하고 있어요. 이 보고서는 1인당 GDP와 기대 수명, 부정부패, 관용, 선택의 자유, 사회적 지원 등을 측정해 세계 각 나라 사람들의 행복 지수를 산출해요. 2021년 보고서에 따르면 대한민국은 149개 국가 중 62위에 올랐어요.

그렇다면 가장 행복한 나라로 꼽힌 곳은 어디일까요? 바로 핀란드예요. 그 뒤로 덴마크, 스위스, 아이슬란드, 네덜란드, 노르웨이, 스웨덴이 순위에 올랐지요. 대체적으로 북유럽 복지 국가들이 상위권을 차지했어요.

보고서를 살펴보면, 전체적인 경제 성장은 계속되고 있지만 행복 수치는 오히려 후퇴하는 것을 알 수 있어요. 경제적인 부가 행복을 정하는 유일한 척도는 아니라는 것이지요.

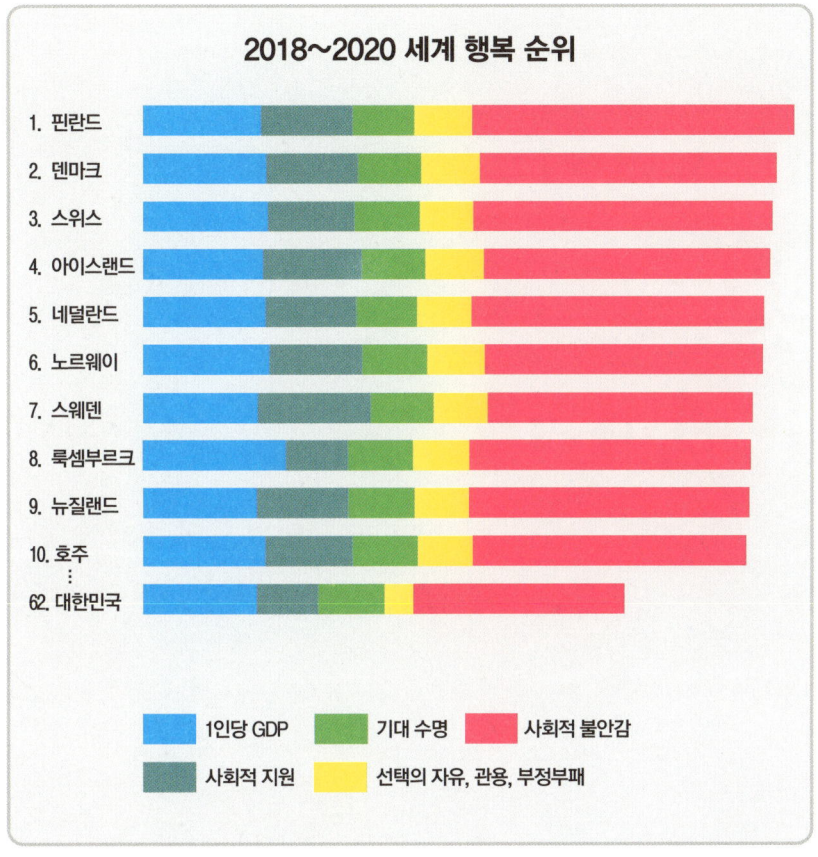

(자료 : 2021 세계행복보고서)

여러분은 지금 행복한가요? 잘사는 나라에 살면 나도 행복한 사람일까요? 진정한 행복은 어디에서 오는 것일지 한번 생각해 보세요.

# 02

# 스마트폰으로
# 세뱃돈
# 넣어 주세요!

### 스마트 금융

스마트폰과 같은 이동 통신 기기를 이용해 결제, 송금, 대출 등의 금융 서비스를 이용하는 것을 말해요.

### ○○페이

금융 회사에서 내놓은 간편 결제 서비스 앱으로, 지갑에서 현금이나 신용 카드를 꺼내는 대신 스마트폰으로 결제할 수 있어요. 카카오페이, 네이버페이처럼 서비스의 이름에 '페이'가 붙는 경우가 많아요.

편의점이나 빵집 문 앞에서 이런 안내문을 본 적이 있나요?

사실 이전에도 인터넷으로 물건을 살 수 있었어요.
그런데…….

"카드 번호를 입력하라고?"
"인증서 비밀번호가 뭐더라?"

이제는 스마트폰에 아래와 같은 앱만 있으면
몇 초 만에 물건을 살 수 있어요.

이렇게 신용 카드나 계좌 정보를 앱에 미리 등록한 뒤,
비밀번호나 지문, 얼굴 인식 등의 간단한 인증으로
결제하는 서비스를 간편 결제라고 해요.

한국은행 발표에 따르면, 2020년 간편 결제 이용 금액은
하루 평균 4492억 원으로, 1년 동안 약 41.6퍼센트나 늘었어요.

스마트폰이 있으면 송금*도 간편하게 할 수 있어요.

## 예전에는…

친구들과 음식을 사 먹고 한 명이 밥값을 한꺼번에 계산하면,
다른 사람들은 자기 몫을 현금으로 건네거나
은행 계좌로 돈을 보냈어요.

## 요즘에는?

간편 결제 앱에서 돈을 받을 친구를 지정한 뒤
송금할 금액만 입력하면 곧바로 돈을 보낼 수 있어요.

\* 돈을 부쳐 보내는 일.

## 세뱃돈을 받는 풍경도 달라졌어요.

예전에는 어른들께 세배를 드리고 현금을 받았는데,

요즘에는 메신저 앱에 있는

간편 송금 기능으로 세뱃돈을 받아요.

은행 업무는 어떻게 달라졌을까요?

## 예전에는…

직접 은행에 찾아가 번호표를 뽑고 순서를 기다린 다음, 은행 직원의 도움을 받아 업무를 처리해야 했어요.

## 요즘에는?

손가락으로 스마트폰을 몇 번만 터치하면 입금과 송금뿐 아니라, 대출* 신청과 적금 가입도 가능! 이렇게 스마트폰으로 은행 업무를 처리하는 것을 **스마트 뱅킹**이라고 해요.

\* 돈을 빌리고 이자를 포함한 돈을 갚는 것.

스마트 뱅킹을 이용하면 **고객은** 장소나 시간에 구애받지 않고 은행 업무를 편리하게 처리할 수 있고, **은행은** 매장 임대료*와 인건비**를 줄일 수 있어요.

하지만 심각한 보안 문제가 발생할 우려도 있어요. 스마트폰의 비밀번호나 개인 정보가 유출되어 금전적인 손해를 입을 수 있거든요.

✓ 스마트폰 안에 비밀번호 저장, NO
✓ 쉬운 비밀번호 사용, NO
✓ 신분증 사진을 스마트폰 안에 저장, NO

\* 남에게 물건이나 건물을 빌려준 대가로 받는 돈.
\*\* 사람을 부리는 데에 드는 비용.

지금까지 살펴본
간편 결제, 간편 송금, 그리고 스마트 뱅킹을 모두 아울러
**스마트 금융**이라고 불러요.

생각 주머니

## 스마트 금융에서 소외된 사람들

"할머니가 동네 은행이 없어졌다며 한숨을 쉬셨어요."
"우리 할아버지는 종이 통장이 없어지면 어떡하냐고 걱정하세요."
사람들은 스마트 금융 시대가 와서 편리해졌다고 말해요. 스마트폰만 있으면 누구나 쉽고 빠르게 은행 업무를 처리하고 쇼핑도 할 수 있지요. 하지만 이런 변화를 어렵고 복잡하다고 생각하는 사람들도 있어요.
디지털 기기에 익숙하지 않은 노인 세대는 기술 발전 때문에 오히려 은행 업무를 보기 더욱 힘들어졌다고 해요. 이런 사람들을 '디지털 금융 소외자'라고 불러요. 디지털 금융 소외자는 직접 은행에 가서 직원의 얼굴을 보고 상담받고, 현금을 내고 물건을 사는 게 훨씬 편하다고 말하지요.
한국은행이 2019년에 스마트 뱅킹 서비스 이용률을 조사한 결과, 30대 응답자 중 87퍼센트가 스마트 뱅킹을 이용한다고 답한 반면, 70대는 8.9퍼센트에 그쳤어요. 70대는 열 명 중 아홉 명 꼴로 스마트 뱅킹에서 소외된 셈이에요.
기술 발달도 좋지만, 기술에서 소외되어 당연히 누려야 할 서비스를 받지 못하는 경우가 생겨서는 안 될 일이에요. 게다가 이런 계층은 보이스 피싱과 같은 금융 사기에도 취약할 수 있어요. 이러한 디지털 금융 소외를 어떻게 극복해야 할까요?
이런 문제를 해결하기 위해 영국 바클레이즈 은행에서는 노인층이 직접 점포에 방문하여 대면 거래를 원하면 가족이나 친구들이 도울 수 있도록 화상 회의 장비를 마련했어요. 또 '디지털 이글스'라는 인력 7000명을 배치하여, 노인들이 스마트 뱅킹 서비스를 원활히 이용할 수 있도록 돕는다고 해요. 우리나라 은행들도 스마트 뱅킹 앱의 글자 크기를 확대하여 화면이 잘 보이게 하는 서비스를 제공하고, 어르신 전용 상담 창구를 만들었어요.

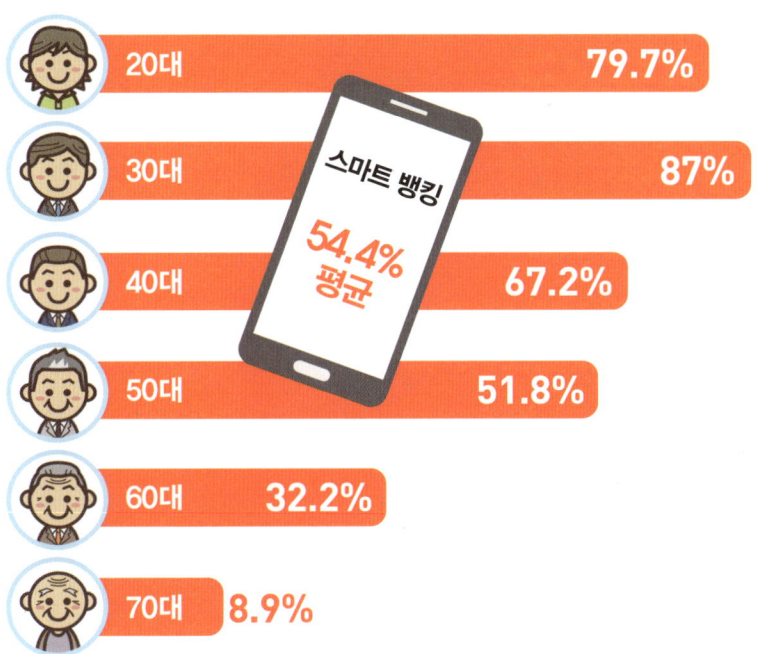

**연령별 스마트 뱅킹 이용률**

- 20대: 79.7%
- 30대: 87%
- 40대: 67.2%
- 50대: 51.8%
- 60대: 32.2%
- 70대: 8.9%

스마트 뱅킹 54.4% 평균

(자료: 한국은행, 2019년 4분기 기준)

특히 고령화 속도가 빠른 우리나라에서는 디지털 금융 소외자에 대한 고민이 절실해요. **누구도 소외되지 않고 모두 함께 발전된 기술을 누릴 수 있는 방법에는 또 무엇이 있을지 고민해 보세요.**

# 03

## 거스름돈은
## 포인트로
## 적립해 드릴까요?

## 현금 없는 사회

신용 카드와 간편 결제의 발전으로 지폐와 동전이 필요 없어진 사회를 말해요. 우리나라도 '현금 없는 사회'로 빠르게 진입하고 있어요.

## 포인트

온·오프라인에서 물건을 구매하거나, 특정 신용 카드나 결제 앱을 이용하는 활동 등으로 쌓은 점수를 말해요. 포인트를 모으면 새로운 물건을 구매하거나 현금으로 바꿀 수 있어요.

거스름돈은 430원입니다. 포인트로 넣어 드릴까요?

앞으로는 거스름돈을 동전으로 받는 대신,

**카드나 앱에 포인트로 충전**해서 받는 일이

더 많아질 거예요.

이 포인트는 나중에 물건을

살 때 쓸 수 있고요.

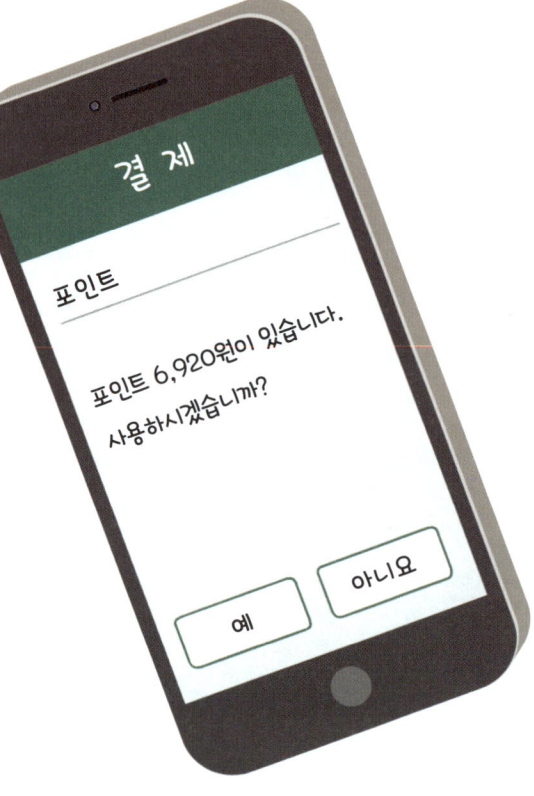

커피 전문점 스타벅스의 매장은
우리나라에 1500개 이상 있어요.
그중 절반 이상이 현금 없는 매장이에요.

스타벅스의 현금 없는 매장에서는 신용 카드나
간편 결제로 음료를 사야 해요.

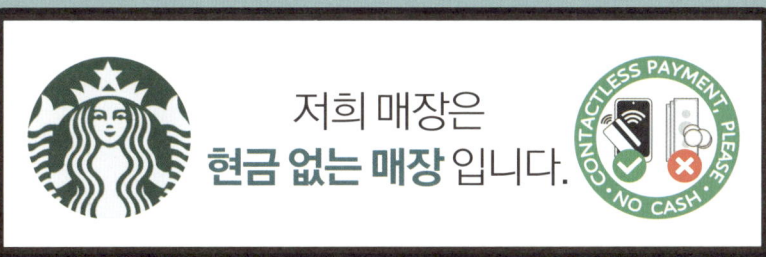

현금을 쓰는 사람들이 점점 줄고 있어요.
한국은행이 사람들의 결제 수단 현황을 조사한 결과,
2017년에는 전체 응답자의 36.1퍼센트가
현금을 가장 많이 쓴다고 대답한 반면,
2019년에는 그 비율이 26.4퍼센트로 줄었다고 해요.

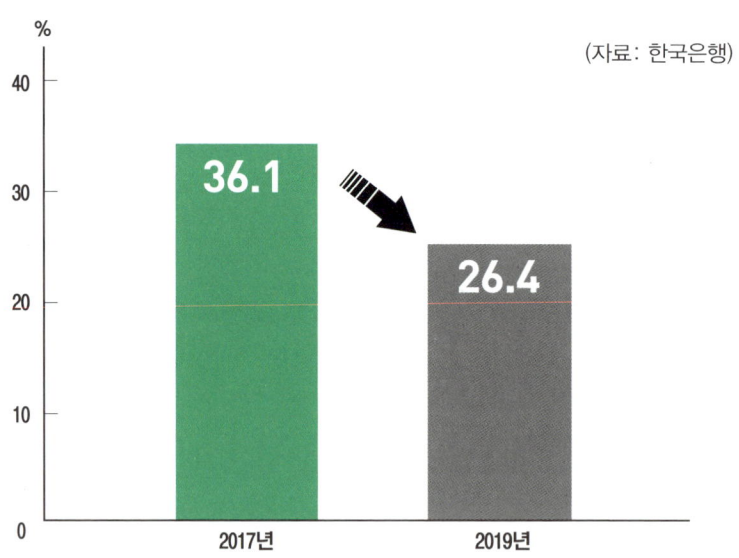

## 다른 나라의 상황은 어떨까요?

덴마크는 2017년부터 동전과 화폐를 만들지 않아요.
스웨덴에서는 대중교통을 탈때 현금을 낼 수 없어요.
교회나 성당에서는 모바일 결제로 헌금을 내고,
길거리에서 구걸하는 노숙자도
모바일 결제 단말기를 갖고 다닐 정도라고 해요.

전 세계적으로 '현금 없는 사회'는
거스를 수 없는 흐름이 되었어요.

현금 없는 사회가 되면 화폐를 만드는 데 들어가는
어마어마한 비용을 줄일 수 있어요.

## 해마다 동전을 찍어 내는 데만
## 500억 원 넘게 들어요.

훼손된 동전을 수거하고 녹이는 비용도 만만치 않고요.

한국은행은 2020년에만 **손상되어 폐기한 화폐**가 **6억 4200만 장**에 이른다고 발표했어요. 계산하면 4조 7600억 원이 넘는 규모랍니다. 이 돈을 차곡차곡 쌓으면 우리나라에서 제일 높은 빌딩인 **롯데월드타워**보다 무려 **117배**나 높다고 해요.

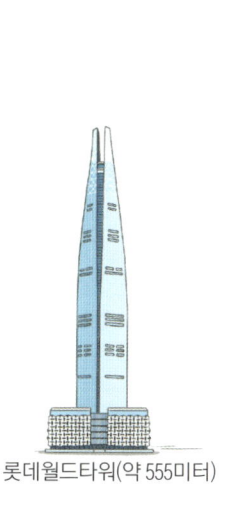

롯데월드타워(약 555미터)

> 현금 없는 사회가 되면 계산도 편하게 할 수 있고 비용도 줄어든다니, 정말 좋겠네요!

**과연 그럴까요?**

많은 가게에서 현금을 거절하면, 현금을 주로 사용하는
노인이나 저소득층은 불편을 겪을 수밖에 없어요.
또 대규모 정전 사태가 일어나거나
은행 시스템에 문제가 생겼다고 상상해 봐요.
어떻게 물건을 살 수 있을까요?

머지않아 지폐와 동전을
박물관에서나 볼 수 있는 시대가 올 거예요.

현금이 아예 사라진다면 편리한 점도 있지만,
불편함을 느끼는 사람도 분명 있어요.
**현금 없는 사회를 맞이하기 위해
우리는 무엇을 준비해야 할까요?**

## 잔돈 금융, 거스름돈 모아 부자되기!

물건을 살 때 거스름돈이 남으면 현금으로 받아요. 우리에게는 너무나 당연한 일상이지요? 하지만 요즘에는 거스름돈을 받는 풍경이 달라졌어요. 거스름돈을 현금으로 받지 않고, 은행 계좌로 모을 수 있거든요. 자동으로 잔돈을 저축하는 셈이죠.

잔돈을 주식이나 펀드에 투자하는 서비스도 있어요. 예를 들어, 7800원 짜리 문제집을 사고 카드로 8000원을 결제했다면 잔돈인 200원이 자동으로 주식이나 펀드에 투자되는 방식이에요.

이러한 잔돈 금융은 거스름돈을 잘 관리하지 않는 젊은 층이 늘자 점점 인기를 끌고 있어요. 미국에 사는 18세부터 24세의 젊은 세대를 대상으로 조사한 결과, 이 중 절반은 저축을 아예 하지 않는 것으로 나타났어요. 그래서 이들이 조금이나마 저축과 투자를 할 수 있게 격려하고자, 쉽고 간편한 방식의 금융 서비스가 개발되고 있답니다.

"티끌 모아 태산"이라는 속담을 들어 보았죠? 여러분이 모은 잔돈도 마찬가지예요. 하루에 100원씩 잔돈을 모은다고 생각해 봐요. 한 달이면 3000원, 1년이면 약 3만 6500원을 모을 수 있어요. 5년 동안 쌓이면 18만 2500원이 되고요! 이제 여러분도 잔돈을 모아 보는 게 어때요? **저축하고 싶은 목표 금액을 정하고, 차곡차곡 잔돈을 모아서 만든 돈으로 무엇을 하고 싶은지 계획을 세워 보세요.**

### _____의 잔돈 모으기 대작전

| 목표 금액 | |
|---|---|
| 1년 | 원 |
| 2년 | 원 |
| 3년 | 원 |

### 저축한 돈으로 하고 싶은 일

1.

2.

3.

4.

5.

# 04
## 지금은 무인 시대, 언택트 서비스

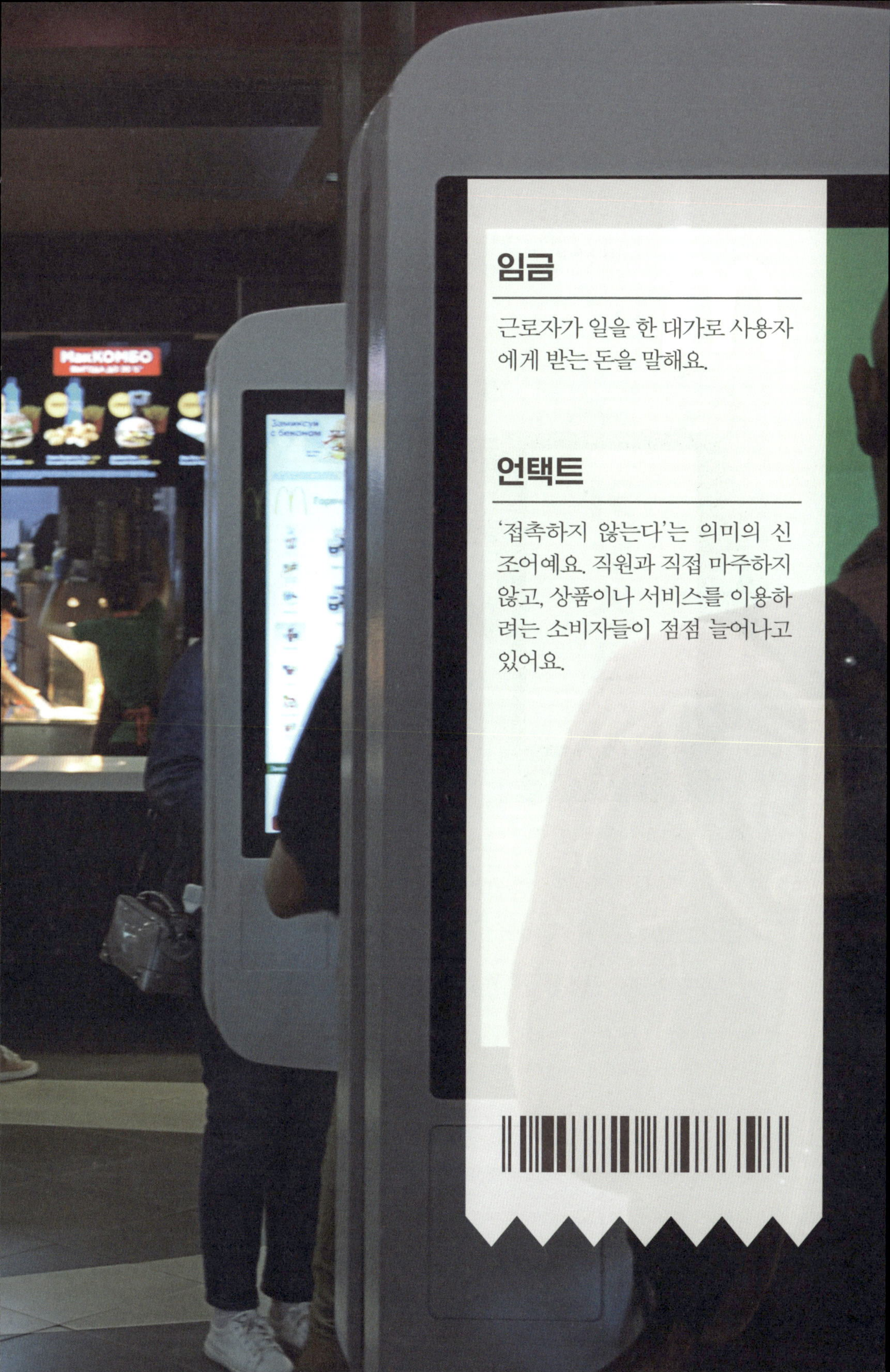

## 임금

근로자가 일을 한 대가로 사용자에게 받는 돈을 말해요.

## 언택트

'접촉하지 않는다'는 의미의 신조어예요. 직원과 직접 마주하지 않고, 상품이나 서비스를 이용하려는 소비자들이 점점 늘어나고 있어요.

맥도날드, 버거킹, 롯데리아와 같은 패스트푸드 식당에서
종업원들이 사라진 자리에 새로 등장한 물건이 있어요.
바로……,

이제 카페나 영화관은 물론, 동네 식당에서도 심심찮게
**키오스크**를 볼 수 있어요.
키오스크의 수는 점점 늘어나
계산대에 사람 없는 가게가 많아지고 있지요.

\* 음식이나 물건을 직원 없이 스스로 주문하고 결제할 수 있는 무인 단말기.

키오스크가 늘고 있는 이유는 무엇일까요?

## 비용 절감!

**키오스크 한 대는 아르바이트생 1.5명이 일하는 것과 비슷한 효과를 낼 수 있다고 해요.**

보통 주 40시간 일하는 직원 한 명의 월급이 180만 원을 넘는데, 한 달에 10만 원~30만 원만 내면 키오스크를 빌릴 수 있으니 가게 주인 입장에서는 꽤 많은 비용을 줄일 수 있어요.

키오스크가 등장한
또 다른 이유가 있어요.

**언택트 Untact**

# UN + CONTACT
부정의 의미 　　　　　접촉하다
▶직접 대면하지 않고 일을 처리하려는 경향

사람과 직접 대면하는 것을 부담스러워하는 젊은 세대의 등장과 기술의 발전, 게다가 2019년에 시작된 코로나19의 영향까지 더해져 **언택트 문화**는 더욱 깊숙이 자리 잡았어요.

⋮

게다가 키오스크를 이용하면

점심시간처럼 손님이 몰리는 시간대에

카운터에 줄을 길게 서서 기다리는

불편함도 줄일 수 있지요.

사람이 없는 가게라…….
무인화 시대는 우리나라만의 이야기일까요?

# No!

무인화 시대는
이미 전 세계적인 현상이 되었어요.

미국 최대의 온라인 쇼핑몰인 아마존은
2018년, 계산대가 없는
무인 매장인 '아마존 고'를 오픈했어요.
핸드폰에 아마존 고 앱을 깔고,
매장에 들어가 원하는 물건을 골라 나오면
앱에 미리 저장된 신용 카드로 자동 결제돼요.

물건을 집어 들면 장바구니 목록에 추가되고,
물건을 다시 내려놓으면 자동으로 사라진다니,
신기하지 않나요?

그런데 말이에요,
아마존 고같이 계산대 없는 매장이 늘어나면
**일자리를 걱정하는** 계산원도 점점 많아질 거예요.
무인화 시대에 접어들면서 우리 삶은 간편해졌지만,
새로운 걱정거리도 더해졌어요.

## 사람만 할 수 있는 일 vs 기계가 대신할 수 있는 일

여러분이 알고 있는 로봇에는 무엇이 있나요? 커피를 만드는 '바리스타 로봇', 음식을 만드는 '셰프 로봇', 서빙해 주는 '서빙 로봇', 호텔에서 방을 안내해 주는 '호텔리어 로봇'도 있다는 사실을 알고 있나요? 미국의 메이저리그에서는 5년 안에 '로봇 심판'도 나온다고 해요.

영국 경제 분석 기관 옥스퍼드 이코노믹스는 2030년까지 로봇이 제조업 분야의 일자리 2000만 개를 대신할 것이라고 전망했어요. 세계에서 가장 인구가 많은 중국에서는 2030년 즈음 1400만 개의 로봇이 일하게 될 것이라는 전망도 있지요.

기업 입장에서는 로봇을 도입하면 인건비를 크게 줄일 수 있기 때문에, 점차 많은 로봇이 사람의 일자리를 대체할 거예요. 게다가 인공 지능 기술이 발달하면서 자동화할 수 있는 일자리도 많아졌지요. 특히 텔레마케터나 배달원 등은 로봇으로 대체될 위험이 높은 직군이에요. 회계사나 세무사 같은 전문직도 안전하지 않은 직군이고요. 반면 사람 간의 의사소통이나 복합적인 사고, 창의력이 필요한 영양사나 교사, 연구원 등은 대체될 가능성이 적은 편이에요.

한 조사에 따르면, 우리나라 일자리의 40퍼센트 이상이 로봇으로 대체될 가능성이 높다고 해요. 우리가 직업을 갖게 될 즈음에는 어떤 직업이 사라지고, 어떤 직업이 새로 생길까요?

아래 직업들은 인간과 로봇 중 누가 잘할 수 있을까요? 더 적합하다고 생각하는 쪽에 표시하고, 그렇게 생각한 이유도 친구들과 이야기해 보세요.

| 인간 | 직업 | 로봇 |
|---|---|---|
|  | 유튜버 |  |
|  | 수의사 |  |
|  | 변호사 |  |
|  | 축구 선수 |  |
|  | 요리사 |  |
|  | 택배 기사 |  |
|  | 과학자 |  |
|  | 헤어 디자이너 |  |
|  | 교사 |  |
|  | 군인 |  |
|  | 사진작가 |  |

인간과 로봇의 힘이 합쳐졌을 때 더 효과적인 일도 있을 거예요. 그런 일에는 어떤 것이 있을까요?

# 05
# 현금 영수증을 꼬박꼬박 챙겨요!

## 현금 영수증

현금으로 물건을 사면 발행해 주는 영수증으로, 내가 언제 어디서 얼마를 내고 결제했는지 국세청에 통보돼요.

## 세금

국민 각자가 나누어 내는 공동 경비라고 할 수 있어요. 국민이 낸 세금은 정치, 경제, 문화, 사회 분야의 다양한 공공사업을 위해 쓰여요.

마트에서 현금을 내고 물건을 사면 항상 듣는 말이에요.
마트뿐만 아니라 식당이나 학원처럼
**현금을 지불하는 곳이라면 어디에서나**
현금 영수증을 발급받을 수 있어요.

**Q** 왜 현금 영수증을 받아야 해요?

**A** 연말에 세금을 돌려받을 수 있거든요.

도대체
현금 영수증이 뭐길래
세금을 돌려줄까요?

직장인이라면 매년 누구나 연말 정산을 해요.
연말 정산은 지난 한 해 동안 낸 세금을
다시 꼼꼼히 살펴보는 작업이에요.

세금을 원래 내야 하는 것보다 **많이 내지는** 않았는지
또는 **적게 냈는지** 계산해 보고,
많이 냈으면 돌려받고 적게 냈으면 더 내야 해요.

이때 신용 카드만 쓰는 것보다
**현금이나 체크 카드**\*도 많이 써야
세금을 더 많이 돌려받을 수 있어요.

신용 카드를 너무 많이 사용해서
빚이 늘어나는 위험을 줄이기 위해
정부가 내린 결정이에요.

\* 물건이나 서비스를 사고 결제하는 즉시, 연결된 은행 계좌에서 돈이 빠져나가는 카드.

현금 영수증 제도는 2005년에 처음 도입되었어요.

## 우리나라는 전 세계에서 가장 먼저 현금 영수증 제도를 시작한 나라예요.

현금 영수증 제도가 시작되기 전에는

가게에서 현금을 받고 물건을 팔아도

정부에 솔직하게 신고하지 않는 경우가 많았어요.

### 세금을 덜 내려고

실제로 번 돈보다 소득이 적다고 신고했던 거예요.

그러다 보니 정부에서는
사업을 하는 사람들의 현금 소득이 얼마인지
정확히 확인할 수 없었어요.
직장인들은 매달 받는 월급에서
**세금이 꼬박꼬박** 빠져나가는데 말이죠.

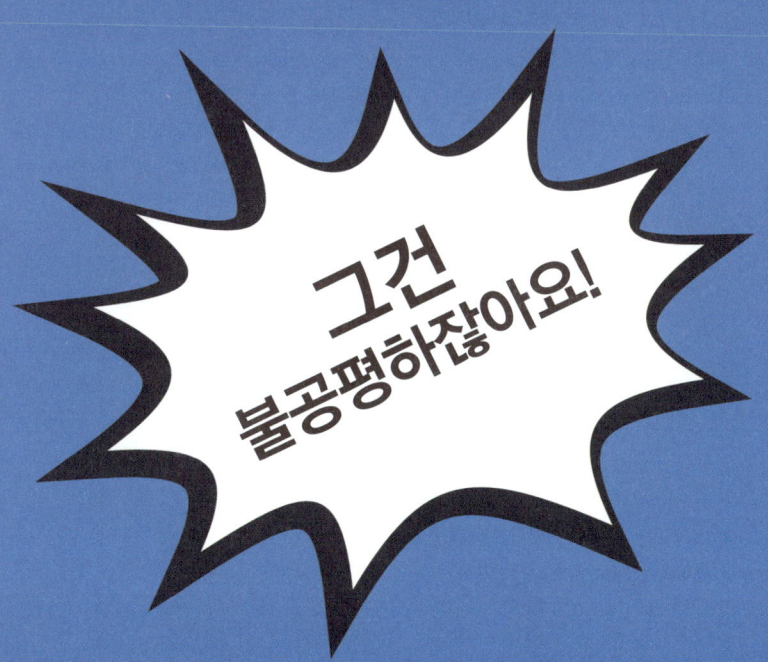

그래서 정부는
현금 영수증 제도를 도입했어요.

물건을 구매한 소비자가 현금 영수증을 발급받으면,
그 정보는 바로 국세청* 에 신고돼요.

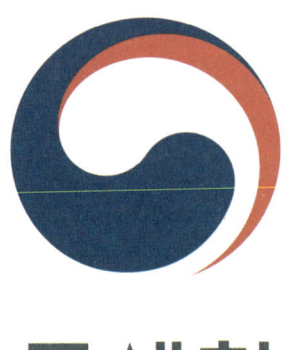

* 나라의 세금을 거둬들이는 행정 기관.

그럼 물건을 판 가게 사장님도
버는 만큼 정직하게
세금을 낼 수 있겠죠?

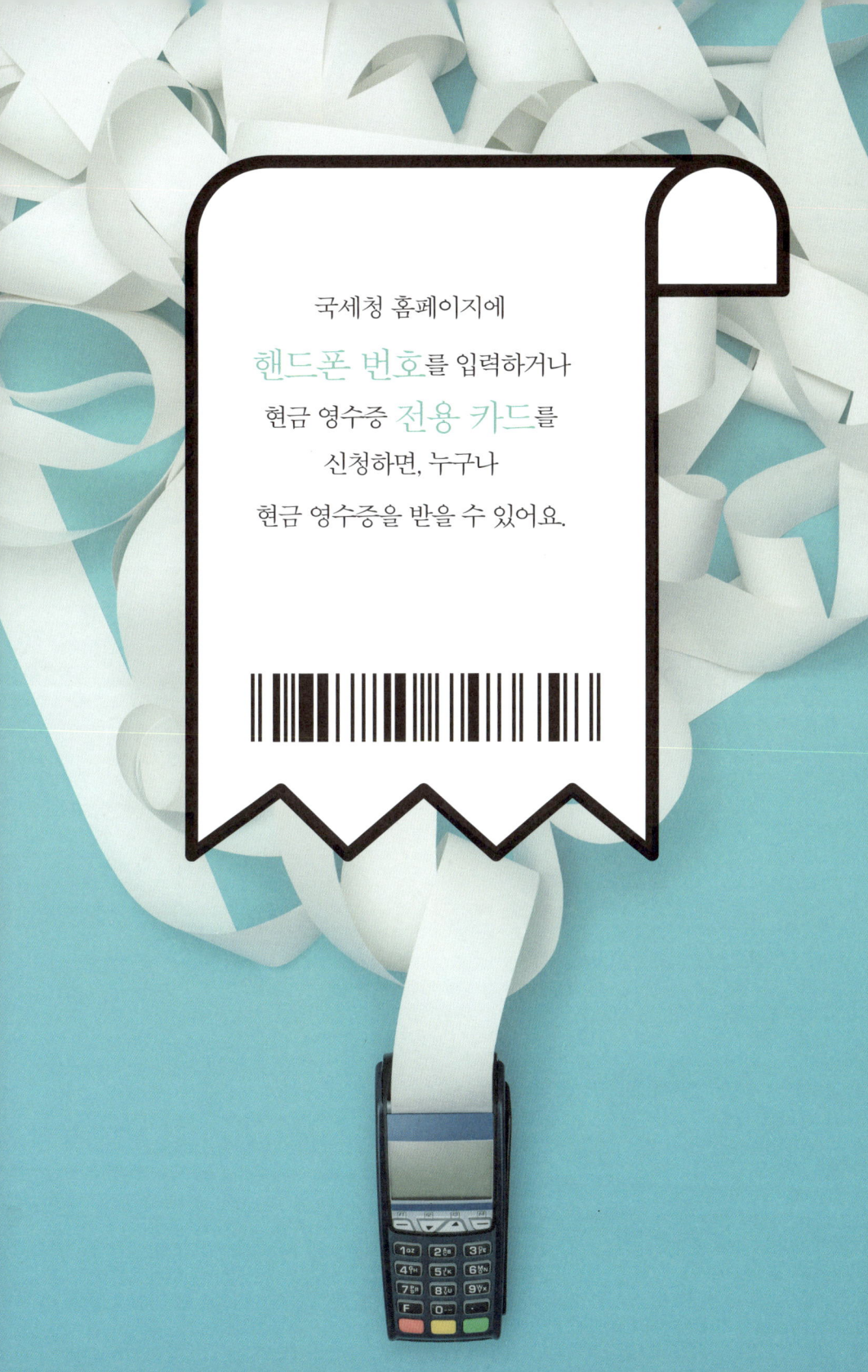

"우리도 현금 영수증을
받을 수 있나요?"

당연하죠!
만 원짜리 문제집을 사든
천 원짜리 연필 한 자루를 사든
현금을 내면 **무조건** 받을 수 있어요.

만약 현금 영수증 발급을 거부하거나 손님한테 받은 금액을 사실과 다르게 신고하는 경우,
또는 발급했다가 취소하는 경우에
모두 신고할 수 있어요.
가게 주인이 현금 영수증을 발급하는 대신 가격을 할인해 주겠다고 구슬릴 때도 마찬가지예요.

국세청 홈페이지 '홈택스'나 세무서를 통해 신고할 수 있는데, 신고한 사람은 **포상금**을 받고 현금 영수증 발급을 거부한 사람은 **벌금**을 내야 해요.

세금을 줄이려고 현금 영수증을 발급하지 않으면
벌금까지 내야 한다니,
**세금을 내는 게 그렇게 중요해요?**

세금은 학교와 도서관을 짓고 운영하는 데 쓰여요.
고속도로, 공항, 철도를 새로 만들고 보수할 때도 세금이
필요해요. 우리 동네에 있는 공원과 공중화장실, 체육관도
세금으로 만들고 관리해요. 나라를 지키는 군대나
범죄를 예방하는 경찰도 세금으로 운영하지요.

나라의 살림을 꾸리기 위해서는 세금이 꼭 필요해요.

물건을 **사는 사람이든, 파는 사람이든**
현금 영수증을 꼬박꼬박 챙겨야 해요.

그래야 나라에 세금이 쌓이고,
개인은 연말에 세금을 돌려받는
**똑똑한 경제인**이 될 수 있겠죠?

## 똑똑한 경제인의 용돈 관리법

여러분은 똑똑한 경제인인가요? 용돈이 생길 때마다 생각 없이 돈을 써 버린 적은 없나요? 아무리 용돈을 많이 받아도 허투루 쓴다면, 정작 꼭 써야할 때 돈이 없어 난감해질 거예요. 오늘부터 똑똑한 경제인이 되는 용돈 관리를 실천해 보세요.

**똑똑한 경제인은 어떻게 용돈을 관리할까요?**

똑똑한 경제인은 돈을 쓰고 관리할 때 자신만의 원칙을 세워 계획적으로 행동해요. 현명한 소비 습관과 합리적인 용돈 관리를 배워 보아요.

갖고 싶은 물건이나 하고 싶은 일의 순서를 정해요.  정말 필요한 것인지 한 번 더 생각해 봐요.  목표를 이루기 위해 필요한 돈이 얼마인지 계산해 봐요.

 용돈이 생길 때마다 잊지 않고 용돈 기입장에 써요.  심부름을 하거나 필요 없는 물건은 중고로 팔아 용돈을 더 모아요.

| | 나는 똑똑한 경제인일까요? | 예 / 아니요 |
|---|---|---|
| 1 | 평소에 필요한 물건이 생각나면 목록을 적어요. | |
| 2 | 물건을 사기 전에 꼭 필요한지 한 번 더 생각해요. | |
| 3 | 물건을 고를 때 가격과 품질을 꼼꼼히 따져 보고 비교해요. | |
| 4 | 물건을 구매한 뒤, 잊지 않고 포인트를 적립해요. | |
| 5 | 물건을 구매한 뒤, 영수증을 꼭 챙겨요. | |
| 6 | 용돈을 받으면 한꺼번에 다 쓰지 않고, 일부를 쪼개서 저축해요. | |
| 7 | 필요 없는 물건이나 다 읽은 책을 버리는 대신, 친구들과 바꾸거나 벼룩시장에 내놓아요. | |
| 8 | 용돈이 얼마나 남았는지 정확히 알고 있어요. | |
| 9 | 매일 용돈 기입장을 작성해요. | |
| 10 | 용돈 기입장을 살펴보며 용돈을 계획한 대로 썼는지 수시로 확인해요. | |

※ 결과는 212쪽에서 확인하세요.

# 06
# 비트코인과 블록체인

### 가상 자산

동전이나 지폐 등의 실물이 없고 온라인에서 거래되는 자산을 말해요. 비트코인은 가장 대표적인 가상 자산 중 하나예요.

### 비트코인

2009년 공개된 가상 자산이에요. 중앙은행, 정부, 금융 회사의 개입 없이 온라인에서 개인과 개인이 거래할 수 있어요.

### 블록체인

거래 내역을 임의로 수정할 수 없도록, 데이터를 블록으로 만들어 서로 연결하여 복제해 저장하는 기술이에요.

5월 22일을 '피자데이'라고 부르는 사람은?

A. 비트코인에 투자한 사람들

B. 피자를 좋아하는 사람들

2010년 5월 22일, 미국 플로리다주에 사는 어떤 사람이
인터넷에 이런 글을 올렸어요.

## "피자 두 판을 비트코인 1만 개와 바꾸실 분!"

이 글을 보고 한 영국인이 피자 두 판을 보내 주었어요.
당시 피자 값으로 받은 비트코인 1만 개는 약 30달러.

## 지금은?

3억 3000만 달러, 우리나라 돈으로
약 3700억 원이 되었어요!
비트코인의 가치가 **10년 만에 1000만 배나** 뛴 거예요!

사상 처음 비트코인을 실물로 거래한 이 날을 기념하기 위해
5월 22일을 '피자데이'라고 불러요.

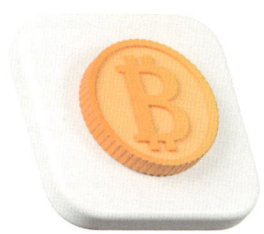

## 잠깐, 비트코인이 뭐예요?

**BIT + COIN**
컴퓨터 데이터의 가장 기본 단위        동전

**= Bitcoin**
▶ 컴퓨터 세상에 존재하는 화폐

비트코인은
동전이나 지폐처럼 **손으로 만질 수 없어요.**
하지만 용돈을 지갑에 보관하는 것처럼
비트코인도 **디지털 지갑** 안에 넣어 보관할 수 있어요.

어떻게?
블록체인 기술 덕분에!

**블록체인이란,**
그동안 거래한 내용을 담은
블록들을 차례차례 연결한 뒤,
수많은 컴퓨터에
동시에 저장하는 기술이에요.

블록을 책 한 페이지,
블록들이 연결된
블록체인을 **책 한 권**이라고
생각하면 쉬워요.

## 예를 들어 볼까요?

어제 여러분은 친구들에게
비트코인을 보냈어요.
비트코인을 주고받은 거래 내용은 블록에
차곡차곡 쌓이고,
거래에 참여한 사람들은 **모두**
이 블록을 **하나씩** 가져요.

블록을 가진 사람들은 실시간으로 거래 내용을 볼 수 있어요.
그러니 거짓말을 한다면 금방 들통날 거예요.

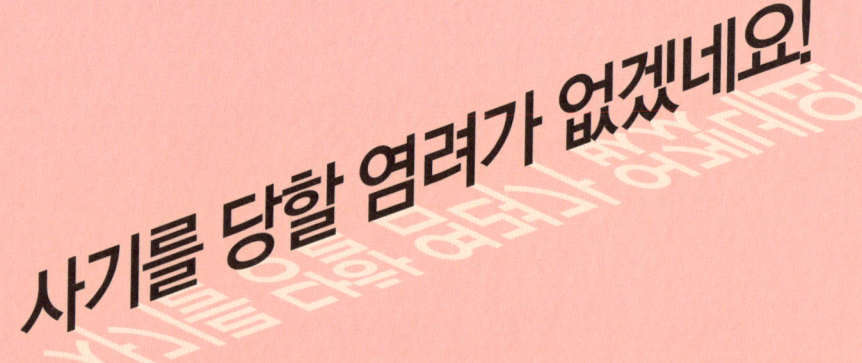

사기를 당할 염려가 없겠네요!

블록체인 기술을 이용한 비트코인은
금융 기관이 없어도 **투명하게** 거래할 수 있어서
사람들의 관심을 한 몸에 받았어요.

블록체인 기술은 비트코인에만 활용될까요?
## 아니요!

### 소고기 유통*

소를 사육, 도축, 포장, 판매하는 과정의 모든 정보를 5일 이내에 신고해야 해요. 그런데 신고하기 전에 문제가 생기면 문제가 어디에서 시작되었고, 얼마만큼의 피해가 생겼는지 파악하는 데 시간이 오래 걸렸어요.

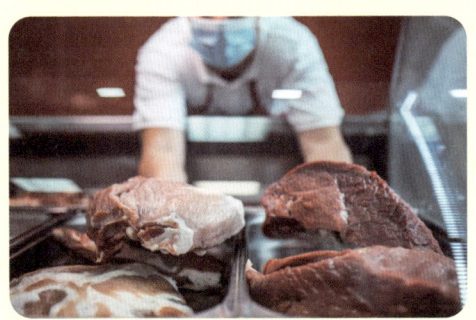

그런데 사육부터 판매까지 단계별 정보를 블록체인에 저장하여 관리하자, 서류를 위조할 걱정도 없고 문제가 생겨도 **10분 안에** 확인하고 추적할 수 있게 되었어요.

* 상품이 생산자에서 소비자에게 도달하기까지 여러 단계에서 교환되고 분배되는 일.

## 병원

그동안 환자들은 병원을 옮길 때, 이전 병원에서 진료한 내용을 서류나 CD에 옮겨서 직접 들고 다녔어요.

하지만 환자의 의료 정보를 블록체인에 담아 모든 병원이 서로 공유하면, 환자가 과거에 진료받거나 수술한 내용, 구입한 약까지 한눈에 파악할 수 있어요.

의사는 이를 참고하여 환자에게 가장 적합한 처방을 내릴 수 있으니 **의료 사고도 줄일 수 있지요.**
또 한 번 기록한 정보를 지우거나 바꾸는 것이 불가능하기 때문에, 불법으로 처방전을 쓰거나 과잉 진료하는 위험도 막을 수 있어요.

## 가상 자산의 미래는 어떤 모습일까?

보이지도 않고 만질 수도 없는 비트코인. 이제 누구나 이런 가상 자산을 마치 진짜 돈처럼 사용하는 시대가 성큼 다가왔어요. 결제 서비스 회사인 다날핀테크에서는 편의점이나 음식점, 카페에서 비트코인으로 결제하는 서비스를 시작했어요. 해외의 한 투자 회사는 최근 운용 중인 펀드에서 비트코인에 투자하기로 결정했고요.

그런데 정말 비트코인 같은 가상 자산이 현금을 완전히 대신하는 수단이 될 수 있을까요? 비트코인의 가격은 하루에도 몇 번씩 변하고 있어요. 예를 들어, 오늘은 1비트코인으로 자동차를 살 수 있지만, 내일은 1.5비트코인으로 살 수 있고, 내일모레는 0.5비트코인만 있어도 살 수 있을지도 몰라요. 이렇게 시시각각 가치가 달라지는 화폐라면 실생활에서 안정적으로 쓰이기 힘들지 않을까요?

더구나 가상 자산은 범죄에 악용될 수도 있어요. 이름을 숨기고 거래할 수 있기 때문에 추적을 피하기 쉽거든요. 그래서 불법 약물을 거래하거나 도박에 사용되는 사례가 종종 발각되어 경찰의 조사를 받기도 했어요. 해킹이나 시스템 오류 문제로부터 자유롭지도 않지요.

이 때문에 가상 자산을 결제 수단으로 사용하는 것을 걱정하는 사람들도 많답니다. 미래 속 가상 자산은 어떤 모습일까요? **여러분은 가상 자산을 결제 수단으로 사용하는 시대가 오는 것을 찬성하나요? 만약 그렇지 않다면, 이유는 무엇인가요?**

**가상 자산 사용에 (찬성 / 반대)합니다. 그 이유는…**

# 07
## 스스로 운전하는
## 자율 주행
## 자동차

## 자율 주행 자동차

운전자가 차량을 조작하지 않아도 스스로 운행이 가능한 자동차를 말해요.

## 친환경 자동차

에너지 소비 효율이 우수하고 무공해나 저공해 기준을 충족하는 자동차로, 전기 자동차, 천연가스 자동차, 하이브리드 자동차 등이 여기에 속해요.

## 눈을 감고 미래 자동차의 모습을 떠올려 보세요.

운전석에 앉아 계기판에 달린 모니터에 목적지를 클릭합니다. 운전자는 운전대를 잡는 대신 영화를 보고 회사 업무를 해요. 자동차는 스스로 달리다가 신호가 바뀌면 멈추고, 횡단보도를 건너는 사람이 보이면 속도를 줄여요.

어때요?
여러분의 상상과 비슷한가요?

영화나 광고 속에서만 볼 수 있었던 **자율 주행 자동차**가
이제 우리 곁으로 성큼 다가왔어요.

구글의 자율 주행 자동차 사업부인 **'웨이모'**는
미국 일부 지역에서 로봇 택시를 시범 운행하고 있어요.
손님이 스마트폰 앱으로 택시를 부르면,
자동차가 운전기사 없이 손님을 목적지까지 태워 주는 거예요.
아, 물론 사고에 대비하기 위해
운적석에 운전기사 대신 엔지니어가 타고 있어요.

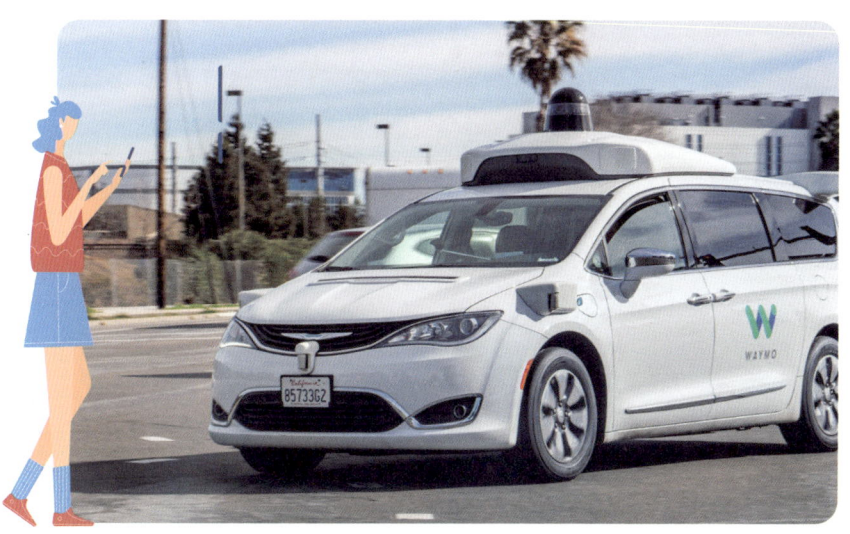

웨이모의 자율 주행 자동차

우리나라 세종시에도 자율 주행 셔틀버스가 운행되고 있어요. 아직은 맑은 날씨와 적당한 교통량 등 제한적인 조건에서만 자율 주행이 가능하지만, 몇 년 후에는 자율 주행 버스와 택시가 전국적으로 운행될 거라고 해요.

## 인공 지능으로 운전하니까 교통사고가 줄어들겠네요!

미국 도로교통안전국(NHTSA)에 따르면, **자동차의 문제**로 일어나는 교통사고는 **단 3퍼센트**. 반면, **운전자의 실수나 부주의**로 일어나는 사고는 **90퍼센트**에 달한다고 해요.

자율 주행 자동차가 널리 사용되면 졸음운전, 음주운전, 과속운전처럼 **운전자 때문에** 일어나는 교통사고의 수가 현저히 줄어들 거예요.

## 환경 오염 문제도 해결할 수 있어요.

자율 주행 자동차는 대부분 전기차나 수소차 같은
**친환경 자동차**로 만들어질 예정이에요.

일반 자동차와 달리,
전기차와 수소차는 **탄소**를 거의 배출하지 않아요.
이런 자동차가 많아지면 자동차로 인한
**지구 온난화**도 크게 줄어들 거예요.

## 또 시간을 효율적으로 활용할 수 있어요.

자율 주행 자동차는 스스로 움직이기 때문에 여러분은 차를 타고 이동하는 시간에 **공부를 하거나 책을 읽으면서** 자기 계발에 더 많은 시간을 쓸 수 있겠죠?

## 소외받았던 이웃의 삶까지 바꾸는 꿈의 기술!

시각·청각 장애인처럼 운전이 어려웠던 사람들도 자율 주행 자동차를 이용해 운전할 수 있어요. 차에 타서 "○○에 데려다 줘."라고 말하면 자동으로 이동할 수 있으니까요.

## 잠깐만요!

자율 주행 자동차는 우리 사회에 밝은 미래만 선물할까요?
택시와 버스, 그리고 화물차를 운전하여
생계를 꾸리던 사람들은 어떻게 되나요?
대한민국에서 운수업으로 생계를 이어 가는
사람의 수는 자그마치 110만 명이 넘어요.
이들은 자율 주행 자동차의 등장으로
**직업을 잃을지도 몰라요.**

우리의 삶을 바꿀 만한 기술이
누군가에게는 희망의 신호탄일지라도,
**누군가에게는** 삶의 위협이 되는
**나쁜 소식일 수도** 있다는 사실을 잊지 마세요.

## 자율 주행 자동차가 교통사고를 내면 누구의 책임?

2016년 5월, 미국 플로리다주에서 전기 자동차 회사 테슬라의 자율 주행 자동차가 운전자를 태운 채 달리고 있었어요. 그때 맞은편에서 한 트럭이 자율 주행차를 향해 돌진했어요. 자율 주행차는 멈추지 않았고, 결국 트럭과 부딪혀 난간과 전봇대를 들이받았어요. 자율 주행차에 타고 있던 운전자는 그 자리에서 목숨을 잃고 말았지요.

2018년 3월에는 미국 애리조나주에서 우버의 자율 주행차가 시험 운행 중이었어요. 그런데 자전거를 끌고 무단 횡단하던 사람과 부딪히는 사고가 일어났고, 이 사람은 안타깝게도 숨을 거두었어요.

이처럼 자율 주행의 사고가 잇따르자 사람들의 고민이 깊어졌어요. 컴퓨터가 운전하는 자율 주행차가 사고를 낸다면 컴퓨터의 오류를 잡지 못한 자동차 회사에게 책임이 있을까요? 아니면 주의 깊게 앞을 살피지 못한 운전자에게 책임이 있을까요?

미국 당국은 테슬라의 사고에서는 "운전자에게 적어도 7초 동안 충돌을 피할 시간이 있었다."며 운전에 집중하지 않은 자율 주행차 운전자에게 잘못이 있다고 판단했어요. 한편, 우버의 사고는 운전자를 제대로 감독하지 않은 우버, 자동차 운행 중 앞을 제대로 살피지 않고 핸드폰으로 동영상을 본 운전자, 무단 횡단을 한 사고 희생자 모두에게 책임이 있다는 판결이 내려졌지요.

그렇다면 우리나라는 어떨까요? 우리나라에서는 2020년 7월부터 3단계* 자율 주행 자동차를 판매했어요. 3단계 자율 주행 자동차는 운전하다가 사고가 나면 운전자에게 책임이 있어요. 다만 사고의 원인이 자동차의 결함이라고 밝혀지면 자동차 회사에서 보상을 해야 하지요.

* 미국 자동차공학회(SAE)는 자율 주행 자동차의 기술 단계를 0~5단계로 구분해요.

| | 자율 주행 자동차의 기술 단계 |
|---|---|
| 0단계 | 운전자가 직접 운전해야 함. |
| 1단계 | 운전자가 운전하는 상태에서 일부 기능만 자동화되어 운전자를 보조하는 상태. |
| 2단계 | 특정 상황에서 자동차 스스로 방향을 바꾸거나 간격 유지를 위해 속도를 제어할 수 있음. 하지만 운전자가 주변을 살피고 운전해야 하는 상태. |
| 3단계 | 자동차 스스로 속도나 방향, 차로를 변경할 수 있지만, 기상 이변이 나타나는 등 돌발 상황이 생기면 운전자가 반드시 개입해야 함. |
| 4단계 | 3단계와 비슷하지만, 위험 상황이 발생했을 때 시스템이 안전하게 대응함. |
| 5단계 | 운전자가 필요 없는 단계로, 승객이 목적지를 말하면 사람이 조작하지 않고 시스템이 스스로 운전함. |

이제 운전자가 아예 필요 없는 5단계 자율 주행 자동차가 등장할 날도 머지않았어요. **만약 5단계 자율 주행 자동차를 운전하다 사고가 나면, 과연 누구에게 책임을 물어야 할까요?**

# 08
# '자전거부터 집까지'
## 모든 것을 빌려주고 빌려 쓰는 시대

## 공유 경제

물건을 소유하는 대신 다른 사람들과 '공유'해서 쓰는 경제 활동을 뜻해요. 소유자는 효율을 높이고, 구매자는 싼값에 이용할 수 있는 소비 형태예요.

> 개인이 자동차를 소유하는 시대는 곧 끝날 거예요.

미국의 차량 공유 업체 '리프트'의 설립자, 존 지머 회장

서울 시민들의 발, 공공 자전거 **따릉이**
한 공간에서 여러 회사가 사무실을 나눠 쓰는 **위워크**
비어 있는 집을 여행객에게 빌려주는 **에어비앤비**

이 회사들을 한 단어로 표현하면?

## 공유 경제

## 경제를 공유한다고요?
## 어떻게요?

**간단해요.**
에어비앤비를 예로 들어 볼게요.
내 집이 오래 비어 있거나, 남는 방이 있다면?
에어비앤비 앱에 집에 대한 사진과 정보를 올린 뒤,
여행객들에게 우리 집을 빌려주는 거예요.
빌려주는 사람은 돈을 벌 수 있고,
빌려 쓰는 사람은 호텔보다 저렴한
가격에 묵을 수 있으니,
일석이조네요!

공유 경제는 이처럼 물건, 공간, 서비스를
소유하는 대신 필요한 만큼 **빌려 쓰고**,
자신에게 필요 없는 것을 다른 이에게 **빌려주는**
것을 말해요.

## 공유 경제는
## 이미 일상 속에 깊숙이 들어와 있어요.

요즘에는 많은 사람들이 아기 침대나 유모차 같은 유아용품을 빌려 써요. 유아용품은 대부분 사용 기간이 짧기 때문에, 사는 것보다 빌리는 것이 경제적이지요.

면접 때 입을 양복을 빌려주는 곳도 있고,
집에 걸 그림을 빌려주는 웹 사이트도 있어요.

공유 경제의 규모는 점점 더 커지고 있어요.
그 이유는 무엇일까요?

### 경제적인 이득을 얻을 수 있어요.

잠시 쓰는 물건이나 서비스는 구매하는 것보다
빌려 쓰는 것이 훨씬 경제적이에요.
빌려주는 사람도 공유를 통해 대가를 받을 수 있고요.

### 자원을 효율적으로 나눠 쓸 수 있어요.

전 세계적으로 환경 오염이 심각해지고 자원 고갈에 대한
우려가 커지고 있어요.
100명이 모두 자동차를 한 대씩 갖는 대신, 10대의 자동차를
효율적으로 나눠 쓰면 90대의 자동차는 생산하지 않아도 되니
자원이 절약되겠죠?

## 기술이 발달한 것도 공유 경제가 활발해진 이유예요.

앱이나 SNS를 통해 많은 사람들이 물건이나 서비스에 관한 정보를 교환할 수 있고, 스마트폰을 몇 번 터치하기만 하면 바로 결제가 이루어지니, 얼마나 간편해요!

여러분이 갖고 있는 물건 중에서

다른 사람과 공유하고 싶은 것은 무엇인가요?

집, 사무실, 자전거 외에

**어떤 공유 경제 서비스가 생기면 좋을까요?**

## 공유 경제 서비스의 명암

공유 경제는 편리한 점이 많지만, 문제점도 있어요. 우선 공유 경제는 새로 등장한 경제 개념이라 법적인 테두리 밖에 있어요. 2018년 우리나라에 등장한 차량 공유 서비스 업체인 '타다'는 스마트폰으로 호출하면 승합차가 목적지까지 태워다 주는 서비스예요. 간편하게 부를 수 있고, 넓고 안락한 좌석에 앉아 목적지까지 갈 수 있기 때문에 많은 사람들의 사랑을 받았지요. 하지만 일반 택시 기사들은 타다의 서비스를 강력하게 반대했어요. 타다는 택시 면허가 없는 기사들이 운행하기 때문에 불법이라는 이유였어요. 2019년 12월, 국회는 타다를 금지하는 법을 통과시켰고, 2020년 4월에 결국 운행이 중단되었습니다.

에어비앤비와 같은 숙박 공유 업체에서도 크고 작은 문제가 일어나요. 유명 관광지에서는 집주인들이 집을 임대하는 것보다 에어비앤비로 낼 수 있는 수익이 더 좋다는 것을 알고, 기존 세입자들을 내쫓는 상황이 발생하기도 했어요. 또 이용객들이 내는 소음 공해로 인해 이웃들과 마찰이 일어나기도 하지요. 보안이나 안전에 대한 관리 감독이 부족해 범죄에 취약하기도 하고요.

한편 사용자가 공유하는 자원을 함부로 써서 문제가 발생하는 일도 많아졌어요. 요즘 길에서 자주 볼 수 있는 공유형 전동 킥보드의 경우, 불법 주차하거나 아무 데나 방치하는 사람들이 많아 도시의 새로운 문제로 떠오르고 있어요.

공유 경제는 자원의 낭비도 막고 불필요한 소비를 줄일 수 있다는 점에서 거부할 수 없는 거대한 흐름이 되었어요. 앞으로 공유 경제 시장은 점점 더 커질 거예요. 이에 앞서 우리는 법적으로 미흡한 부분을 개선하고 문제가 발생할 때 슬기롭게 해결할 방안을 고민해야 해요.

내가 갖고 있는 물건 중에 다른 사람과 공유해서 쓸 수 있는 것은 무엇인가요?

_____
_____
_____
_____

기존 업체와 새로운 공유 업체가 상생할 수 있는 방법에는 어떤 것들이 있을까요?

_____
_____
_____
_____
_____

# 09

# 저축이냐 투자냐, 그것이 문제로다!

## 이자

돈을 빌리거나 예금을 맡겼을 때 대가로 붙는 돈을 뜻해요.

## 원금

이자가 붙지 않은 원래의 돈을 말해요.

**저금통에 저축하고 있는 사람 손!**

저축이란,
가지고 있는 돈의 일부를 쓰지 않고 모으는 것!
여러분은 저축해서
돈을 모으면 무엇을 하고 싶나요?

저금통에 돈을 모아 저축할 수도 있지만,
은행에 저축하는 방법도 있어요.

## 어떻게요?

은행에서 통장을 만들어 돈을 맡기면 돼요.
은행에 돈을 맡기면 돈을 잃어 버릴 위험도 없고,

이자까지 붙기 때문에

**저축한 돈보다** 더 많은 돈을 돌려받을 수 있어요.

## 여기서 잠깐!

이자를 받는 방법에는 두 가지가 있어요.

## 바로 단리와 복리!

**단리는** 원금에 대해서만 이자를 계산하는 방법이고,
**복리는** 원금에 이자를 더한 금액에 다시 이자를 붙여서 계산하는 방식이에요.

단리를 적용할 때보다 복리를 적용할 때
훨씬 더 큰 금액을 돌려받을 수 있어요.
저축한 기간이 길수록 그 차이는 점점 더 커지고요.

"아하, 같은 이자율이라면 복리가 더 유리하군요!"

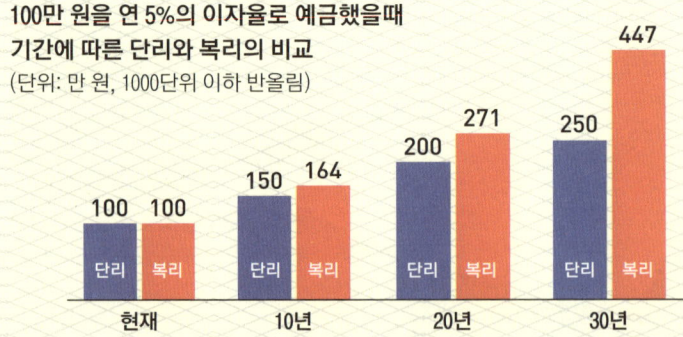

**100만 원을 연 5%의 이자율로 예금했을때
기간에 따른 단리와 복리의 비교**
(단위: 만 원, 1000단위 이하 반올림)

이런 걸 바로 **스노우볼 효과**라고 해요!

눈사람 만들 때를 떠올려 보세요.

눈을 뭉쳐 계속해서 굴려야만

## 눈사람을 만들 수 있지요?

작은 눈 뭉치도 계속 굴리면 엄청난 크기가 되는 것처럼,

한편, 저축과 비슷한 듯 다른 경제 활동이 있어요. 바로,

**투자!**

**투자는 미래 가능성을 믿고 돈을 맡기는 거예요.**

주식*이나 아파트, 땅, 미술 작품처럼
훗날 그 가치가 더 높아질 거라고 예상되는 곳에 투자를 해요.

하지만 투자에는 **한 가지 함정**이 있어요.
성공하면 내가 맡긴 돈보다 더 큰돈을 벌 수 있지만,
실패한다면 맡긴 원금조차 돌려받지 못하게 될 수도 있거든요.

내 돈!!!

* 어떤 기업에 대한 권리가 있음을 알려 주는 증표. 가진 주식의 수만큼 기업의 의사 결정에 참여할 수 있어요.

따라서 투자보다 저축이 훨씬 더 안전해요.
저축은 내가 맡긴 원금과 약속한 이자가
확실하게 **보장되니까요.**

그런데 요즘 같은 저금리 시대\*에는
은행에 저축해도 받을 수 있는 이자가 아주 적어요.
그래서 **큰돈을 벌기 위해**
무작정 투자에 뛰어드는 사람들도 많아요.

하지만 욕심만 내세운 채 잘 알아보지 않고
섣불리 투자하면 심각한 손해를 입을 수 있으니
**신중하게** 결정해야 해요.

\* 빌려준 돈이나 예금에 붙는 이자인 금리가 낮은 수준으로 오랫동안 유지되는 시기.

# 그럼, 무조건 저축할래요!

잠깐만요!
모든 사람이 저축하느라 돈을 아끼기만 하고,
**아무것도 사지 않으면 어떻게 될까요?**

물건이 팔리지 않아요.

잔고×××

주머니 사정이 팍팍해 소비를 줄여요.

직원을 해고하거나 월급을 줄여요.

무작정 **아끼거나** 무분별하게 **낭비**하거나,
또는 꼼꼼히 따져 보지 않고 투자하면
개인과 사회에 안 좋은 영향을 줄 수 있어요.

어떻게 해야
똑똑한 소비와 투자일지
함께 고민해 봐요.

## 저축과 투자, 나의 선택은?

유대인들은 자녀가 만13세가 되면 성년식을 열어 줍니다. 이때 가족과 친척은 주인공이 성년이 된 것을 기념해 축하금을 주지요. 부모님은 이 축하금을 자녀의 명의로 저축과 투자를 하여, 돈을 불리고 관리하는 법을 알려 준다고 해요. 여러분도 합리적으로 소비하는 습관을 기르고 훗날 돈을 불리고 싶다면, 조금씩 저축하고 투자하는 연습을 해 보는 것이 좋아요.

만약 매달 받는 용돈에서 떼어 저축하고 싶다면, 적금 통장을 만들어 보세요. 일정 기간마다 은행에 돈을 맡기고 몇 년 후에 돌려받겠다고 약속하는 것을 '정기 적금'이라고 해요.

'정기 예금'은 모아 놓은 돈을 한꺼번에 은행에 맡기는 방법이에요. 보통 3개월이나 6개월, 또는 1년 단위로 약속을 정하고 그 기간 내에는 돈을 돌려받지 않는 대신, 이자를 받아요.

또 '주택청약종합저축'은 여러분이 어른이 되어 집을 마련할 때 요긴하게 쓸 수 있는 통장이에요. 새로 짓는 아파트는 돈이 있다고 해서 아무나 살 수 있는 게 아니에요. 주택청약종합저축에 가입한 사람에게만 새 아파트를 구입하겠다고 신청할 수 있는 자격이 주어져요.

한편 투자를 위한 상품도 있어요. 그중 펀드는 여러 사람의 돈을 모아 기업에 투자하여 거기서 얻은 이익을 나누어 갖는 상품이에요. 어린이날을 앞두고 인기를 끄는 '어린이 펀드'는 부모님이 아이가 미래에 쓸 결혼 자금이나 대학 등록금을 마련하기 위해 많이들 가입한다고 해요.

만약 주식에 투자하고 싶다면 증권 회사에서 계좌를 만들면 돼요. 여러분은 미성년자이기 때문에 부모님과 함께 가야 해요. 증권 회사에서 만들어 준 계좌에 돈을 넣으면 원하는 주식을 살 수 있어요.

하지만 투자는 자칫 돈을 잃을 수도 있기 때문에 사전에 꼼꼼하게 공부하는 것이 중요해요. **여러분들은 저축과 투자 중 무엇을 먼저 해 보고 싶나요? 그리고 그 이유는 무엇인가요?**

나는 (저축 / 투자)를 해 보고 싶어요. 왜냐하면…

# 10

# 엘사 인형 대신
# 디즈니 주식!

### 주식

기업은 투자자로부터 돈을 받고 그 증표로 주식을 줘요.

### 주가

주식의 가격을 뜻해요. 주가는 주식 시장의 시세에 따라 계속 바뀌어요.

### 펀드

여러 사람의 돈을 모아 기업에 투자하는 일이에요. 펀드 매니저는 여러 사람이 맡긴 돈으로 투자를 하고, 이윤이 생기면 돈을 맡긴 사람들에게 나눠 줘요.

현진이의 생일날,
현진이는 그동안 갖고 싶었던 닌텐도 스위치 대신
닌텐도 주식을 선물로 받았어요.

닌텐도 게임기의 인기가 높아질수록
현진이가 돈을 벌 확률도 커진대요.

**대체 주식이 뭐길래?!**

규모가 큰 회사를 세우기 위해서는 자금이 많이 필요한데,
이때 필요한 돈을 은행에서 전부 빌리면 이자가 꽤 커요.

그래서 투자의 증서인 '주식'을 발행해서 회사에 투자할
사람을 모으는 거예요. 대신 그 사람들에게는 주식에 투자한
금액만큼 회사의 소유권도 나누어 주지요.
쉽게 말하면, **주식은 회사에 대한 권리**와 마찬가지예요.

주식을 하나라도 가진 사람을 **'주주'**라고 부르는데,
**그 기업의 주인**이 되었다는 의미입니다.

주주가 되면,

회사와 관련된 다양한 의사 결정에 참여할 수 있어요.

이것을 '의결권'이라고 하는데,

보통 **주식을 많이 가질수록** 의결권도 많아져요.

미국에서는 생일이나 크리스마스 같은 기념일에
주식 선물하기가 유행이에요.
미국에서 어린이들에게 가장 많이 선물하는
주식 1위는 **디즈니**라고 해요.

주식 거래 웹 사이트 기브어쉐어닷컴(GiveAshare.com)에서는
디즈니 주식을 사면 미키 마우스가 그려진
공식 인증서를 선물로 주기도 한대요.

## 한국에서도
자식에게 선물로 주식을 사 주거나 펀드에 가입시켜 주는 것이
점점 트렌드가 되고 있어요.

## 그럼 어떻게 주식으로 돈을 벌 수 있어요?

투자한 회사가 수익을 거두면,
내가 주식을 가진 만큼 회사의 수익을 나눠 받을 수 있어요.
이것을 **배당금**이라고 해요.

아마존의 설립자인 **제프 베이조스**.
그가 전 세계 부자들 중 1위를 차지한 비결도 주식이에요.
베이조스가 가지고 있던 아마존 주가가 예전보다 크게 올라
엄청난 **시세 차익***을 얻었거든요.

* 주식이나 펀드 등에 투자한 이후 가격이 상승한 시점에 팔아 얻게 되는 이익.

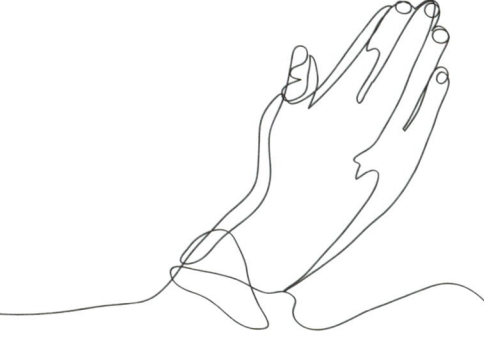

금리가 낮아져서 저축으로는 큰돈을 만들 수 없다고 생각한 사람들이 시세 차익을 기대하며 주식에 투자하고 있어요.

**하지만 무조건
주식으로 돈을 벌 수 있는 건 아니에요.**

만약 회사의 사정이 어려워져 파산하면
주식에 투자한 돈을 **한 푼도** 돌려받지 못할 수 있어요.

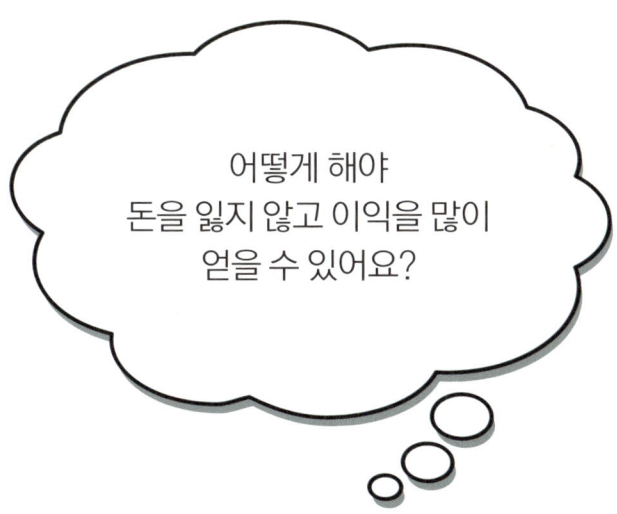

어떻게 해야
돈을 잃지 않고 이익을 많이
얻을 수 있어요?

**정보를 꼼꼼하게 모아라!**

투자할 기업을 고를 때는 여러 자료를 살펴보며,

① 투명하게 경영되고 있는지,
② 장기적으로 성장 가능성이 있는지,
③ 돈을 어떻게 벌어서 어떻게 쓰고 있는지 등을 따져 봐야 해요.

시장 점유율이 1위인 기업, 경쟁자가 따라잡을 수 없을 만큼 뛰어난 제품과 서비스를 팔고 있는 기업, 앞으로 주목받을 유망한 기술을 보유하고 있는 기업에 투자하는 것도 좋은 방법이에요.

### 시사 경제 뉴스 탐독은 기본!

시사 경제 뉴스도 꼼꼼히 살펴봐야 해요.

### 주가는 경제 상황과 사회적 여건에 따라

매일 오르락내리락하거든요.

갑자기 기업에 사건 사고가 생기거나,
다른 업체와 경쟁이 심해지면 투자자에게
안 좋은 뉴스(악재)이기 때문에
주가가 내려갈 수 있어요.

반대로 기업이 큰 수익을 내거나
대규모 수출을 성사시키면
좋은 뉴스(호재)라서 주가가 올라가고요.

**달걀은 한 바구니에 담지 않는다!**

한 회사 또는 한 종목만 사는 것은 위험해요.

최소한 2~3개 정도로 나누어 사야 위험을 줄일 수 있어요.

### 하지만
주식 공부를 아무리 열심히 해도

무조건 이익을 낼 수 있는 건 아니에요.

내가 얻은 정보가 틀릴 수도 있고,

생각지도 못한 변수 때문에 예측이 빗나가는 경우도 많아요.

오르고 내리는 수익률에 너무 몰두하기보다는

장기적으로 **시장을 보는 안목**을 키우는 게

더 중요하다는 것을 명심하세요.

## 주식 투자 계획서 써 보기

여러분은 어느 회사의 주식을 갖고 싶나요? 미국 기브어쉐어닷컴에 따르면, 사람들은 주식을 선물할 때 대체로 자신과 상대방이 주로 소비하는 회사의 주식을 고른다고 해요. 미국에서는 자녀에게 디즈니나 애플, 넷플릭스의 주식을 사 주는 부모님들이 많아요.

우리나라에서는 〈헬로카봇〉이나 〈터닝메카드〉를 만든 회사, 또 〈신비 아파트〉 완구를 판매하는 회사가 어린이들이 좋아할 만한 기업이에요. 모두 주식을 발행하고 있는 회사이기 때문에, 여러분이 보기에 앞으로도 이 회사들이 큰 사랑을 받을 것 같다는 생각이 들면, 이곳의 주식에 관심을 가져 봐도 좋을 거예요. 부모님께서 자주 가는 곳이나 이용하는 서비스도 한번 살펴봐요. 은행, 편의점, 백화점 등 주식을 발행하는 기업들이 많아요.

앞에서 닌텐도 주식을 선물로 받은 현진이의 투자 성적표를 한번 살펴볼까요? 현진이는 닌텐도 외에도 인기 장난감을 꾸준히 내놓고 있는 A회사의 주식을 더 사기로 결정했어요. 비록 경쟁 회사에서 곧 비슷한 제품을 내놓는다는 악재가 있지만, 코로나19 때문에 집에 머무는 아이들이 많아지면서 장난감 수요는 늘어날 거라고 생각했거든요.

주식 시장이 끝난 후 찾아보니, 오늘 A회사의 주가는 현진이가 산 가격보다 600원이 더 올랐군요. 주식을 2주 샀으니까 1200원을 벌었어요. 다음 날도 구매한 가격보다 100원이 더 올라 누적 수익은 1400원이네요.

### 현진이의 투자 성적표

|  | 구입 가격<br>(매수가) | 마감 가격<br>(종가) | 수익/손실 |
|---|---|---|---|
| 7월 4일 | 54,100원 | 54,700원 | 600원x2주= 1200원 |
| 7월 5일 |  | 54,800원 | 100원x2주= 200원 |
| 총합 |  |  | 1200원 + 200원= 1400원 |

여러분도 현진이처럼 마음에 드는 기업을 찾았다면, 그 기업의 투자 계획서를 작성해 보세요.

| 기업 이름 | 투자 이유 |
|---|---|
|  |  |
|  | 악재 |
|  | 호재 |

# 11

## 왜
## 집값은
## 자꾸 올라요?

### 부동산

토지나 아파트, 주택, 상가 건물 등을 말합니다. 움직일 수 없는 재산이라는 뜻이에요.

### 금리

빌려준 돈이나 예금 등에 붙는 이자를 말해요.

### 기준 금리

한 나라의 금리 체계의 기준이 되는 금리예요. 우리나라에서는 한국은행이 시중 금융 기관과 거래할 때의 금리를 뜻해요.

# 36년

서울에서 25평 아파트를 사려면 월급을 한 푼도 쓰지 않고 모아야 하는 기간입니다(2021년 1월 기준).

집값이 계속 오르면
이 기간은 점점 더 늘어날지도 몰라요.

## 과연
## 집값은 얼마나 올랐을까요?

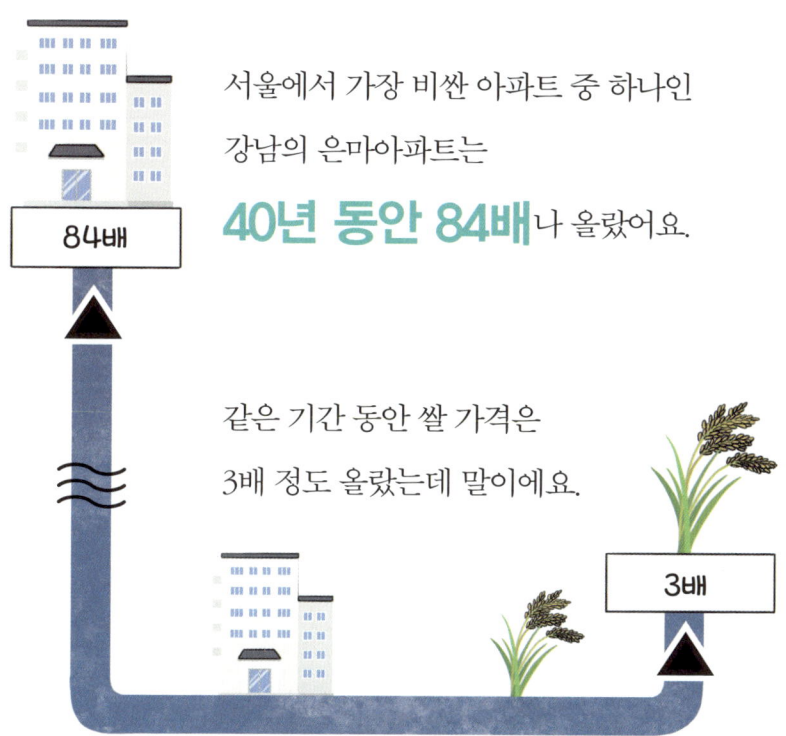

서울에서 가장 비싼 아파트 중 하나인 강남의 은마아파트는 **40년 동안 84배**나 올랐어요.

같은 기간 동안 쌀 가격은 3배 정도 올랐는데 말이에요.

### 이렇게 집값이 오르는 이유는 무엇일까요?*

\* 집값의 상승에는 정부의 정책이나 주택 공급 상황을 비롯해 여러 요인이 있어요. 여기서는 그중 하나인 금리를 중점적으로 살펴볼게요.

**낮은 금리**

금리가 높으면 사람들은 은행에 저축을 해요.
돈을 맡기면 받을 수 있는 이자가 높기 때문이에요.

## 하지만 금리가 떨어지면 상황은 달라져요.

예를 들어, 1년 금리가 5퍼센트이던 시절에는
100만 원을 저축하면 5만 원을 이자로 받을 수 있었어요.

## 그런데 금리가 2퍼센트로 떨어지면?

**금리 5%일 때**
1,000,000원 x 5퍼센트 = 50,000원

**금리 2%일 때**
1,000,000원 x 2퍼센트 = 20,000원

### 겨우 2만 원을 받을 수 있네요.

보통 금리가 낮으면 은행에서 돈을 빌려도 이자가 낮아요.
그래서 저축하는 대신, 은행에서 돈을 빌려
부동산에 투자하는 사람들이 늘어나요.

실제로 2015년,
한국은행이 발표한 기준 금리가 1퍼센트 대로 떨어지자
많은 사람이 부동산을 사들이기 시작했어요.

### 집의 개수는 정해져 있는데,
### 사려는 사람이 많아지면 어떻게 될까요?

너도나도 집을 사려고 하면 집값은 하늘 높은 줄 모르고 치솟겠네요!

**투기**
투기는 기회를 틈타 **짧은 기간에 큰 이익**을
보려고 땅이나 건물, 주식 등을 구입하는 행위예요.

## 금리가 낮아지자,
부동산 투기를 위해 돈을 빌려
집을 여러 채 사는 사람들이 점점 많아졌어요.

그 바람에 서울의 집값은
평범한 사람은 꿈도 꿀 수 없을 만큼
비싸졌어요.

부동산이 걷잡을 수 없이
비싸지면
어떤 일이 벌어질까요?

이미 많은 사람들이
서울의 집값을 감당하지 못하고
변두리 지역으로 떠나고 있어요.

서울시가 조사한 바에 따르면,
2010년부터 2020년까지
**11년간 연평균 약 58만 명이** 서울을 떠났다고 해요.

## 다른 나라의 사례도 한번 살펴볼까요?

세계에서 집값이 가장 비싼 도시인 **홍콩**에서는
오갈 데가 없어 맥도날드 매장에서 시간을 때우는
**'맥 난민'**의 수가 점점 늘어나고 있어요.

**영국**의 사정도 마찬가지예요.
런던 시내를 가로지르는 리젠트 운하에서는
보트에서 생활하는 **'보트 피플'**을 만날 수 있어요.
집값을 감당할 수 없는 젊은이들이
집 대신 보트에서 먹고 자며 생활하고 있어요.

## 집값은 삶의 질과 아주 밀접한 관련이 있어요.

우리나라 가계* 자산 중 부동산이 차지하는 비중은 70퍼센트를 넘어요. 따라서 집값이 급격하게 오르거나 떨어질 때 받는 충격도 그만큼 클 수밖에 없어요.

**집값이 갑자기 내려도 문제**예요. 은행에서 무리하게 돈을 빌려 집을 샀는데 집값이 떨어지면 어떻게 될까요?

높은 이자를 감당하느라 허리띠를 졸라매야 하는 데다가, 집을 팔 때는 손해를 각오해야 해요.

언제쯤 모든 국민이 집 걱정 없이
두 발 쭉 뻗고 살 수 있는 때가 올까요?

\* 경제 활동을 하는 한 가정이나 가구.

## 굴러온 돌이 박힌 돌 빼내는 젠트리피케이션

서울의 홍대, 신사동 가로수길, 이태원 경리단길……. 이곳들의 공통점은 무엇일까요? 바로 맛집과 분위기 있는 카페가 많은 곳으로 유명한 동네라는 사실! 그리고 한 가지 공통점이 더 있는데, 바로 '젠트리피케이션' 현상이 나타난 지역이에요.

젠트리피케이션이란 오래된 도심이 활성화되고 중산층 이상의 외부인이 유입되면서 임대료가 올라, 기존에 있던 주민들은 쫓겨나는 현상을 말해요.

위에서 말한 지역들은 임대료가 비교적 저렴한 지역에 개성 있는 가게들이 하나둘씩 모여 자리를 잡은 곳이에요. 그런데 사람들의 입소문을 타고 유동 인구가 크게 늘자, 건물주들이 임대료를 인상해 달라고 요구하게 되었지요. 높은 임대료를 감당할 수 없게 된 상인들은 어쩔 수 없이 그 지역을 떠났고, 대신 프랜차이즈와 대기업 매장이 자리를 채우게 되었어요. 결국 독특한 분위기로 유명했던 지역은 특색 없는 평범한 상업 지구가 되어 버렸어요.

이런 현상을 해결하기 위해 건물주와 세입자들이 힘을 합친 동네도 있어요. 바로 서울숲길이 있는 성수동이 대표적인 곳이에요. 성수1가 제2동 상가 건물주의 70퍼센트가 임대료를 과도하게 올리지 않겠다는 자율 협약에 참여했다고 해요.

**만약 여러분이 상인들의 노력으로 유명해진 동네의 건물주라면 어떻게 할 것인지 생각해 보세요. 또 여러분이 세입자라면 건물주가 임대료를 올리겠다고 할 때 어떻게 설득할 것인지도 고민해 보세요.**

내가 카페 건물의 주인이라면…

내가 건물에 세 들어 장사하는 카페의 사장님이라면…

# 12

## 경제가 나빠도 안전한 도피처, 금!

### 안전 자산

가격이 급격히 변하지 않고, 꾸준한 가치를 지니는 자산을 뜻해요. 대표적인 안전 자산으로는 금이나 달러가 있어요.

### 위험 자산

가치가 변할 가능성이 큰 자산을 뜻해요. 주식은 대표적인 위험 자산이에요.

### 복권

숫자나 그림이 있는 표로, 추첨을 통해 일치하는 표를 가진 사람에게 당첨금을 줘요.

아이의 첫 번째 생일에 열어 주는 돌잔치.

이때 어른들은 아이에게 건강하게 자라라는 의미로

**금반지**를 선물해요.

그런데 경기가 나빠지면

"돌잔치에서 금반지를 찾아보기 힘들다."는

기사가 종종 보여요.

경제가 불안하면 금값이 비싸지거든요.

### 경제랑 금값이랑 무슨 상관인데요?

금은 **수천 년이 지나도** 색깔이 변하거나 썩지 않아요. 원한다면 서울에서 산 금을 뉴욕에서 팔아 현금으로 바꿀 수도 있어요.

"금은 안전해!"
"금은 믿을 수 있는 자산이야!"

돈은 중앙은행에서 찍어 낼 수 있는 반면,
금은 땅속에 매장된 양이 **제한적**이에요.

현재 전 세계에 6~7만 톤 정도 묻혀 있는데,
매년 캐내는 금의 양을 고려하면
앞으로 **약 20여 년 안에** 바닥날 수도 있다고 해요.

금은 희소성\*이 높은 자산이에요.

**그래서**
경제가 불안할 때 금을 사려는 사람들이 많아지고,
**금값도 치솟는 거예요.**

\* 사람들이 원하는 것보다 물건이 제한되어 있거나 부족한 상태.

실제로 2008년 미국에서 **글로벌 금융 위기**가 시작된 이후,
금값은 1온스(약 31그램)당 711달러까지 떨어졌다가
점점 상승하여 2011년이 되자 1900달러까지 올랐어요.
3년 만에 **3배** 가까이 비싸진 거예요.

## "나도 금을 사야겠어요!"

금에 투자하려면
금반지나 골드바*처럼 실물을 사는 방법도 있고,
금과 관련된 펀드에 투자할 수도 있어요.

### 세계 경제가 불안할수록 인기가 높은 금!

반대로 경제가 안정되면
금의 인기는 주춤할 수도 있겠죠?

안전 자산이라는 이름이
'**항상 안전하다**'는 뜻은 아니라는 점을 잊지 마세요!

*막대 모양으로 만든 금.

## 복권에 당첨되면 행복할까?

경제 상황이 안 좋을 때 사람들이 길게 줄 서는 곳이 또 있어요. 바로 복권 판매점이랍니다. 살기가 팍팍하니 복권에 당첨되어 '일확천금(힘들이지 않고 단번에 얻은 많은 재물)'을 기대하는 것이죠.

복권에 당첨되어 엄청난 돈을 손에 쥔다면 어떨까요? 사고 싶은 것도 마음껏 살 수 있고 누리고 싶었던 것도 다 할 수 있으니 행복해질 것 같다고요? 하지만 당첨된 사람들의 사례를 보면 꼭 그런 것만은 아니에요.

미국에서 1000만 달러(약 110억 원) 이상의 복권에 당첨된 지 10년 이상 지난 사람들을 조사한 결과, "이전보다 불행해졌다."고 대답한 사람이 무려 64퍼센트나 되었다고 해요. 돈 문제 때문에 관계가 좋았던 가족이나 친구들과 사이가 멀어지고, 방탕한 생활에 빠져 전 재산을 탕진한 경우도 있다고 해요. 갑자기 큰돈이 생겨 일을 그만두면서 인생이 지루하고 허무하게 느껴진다고 응답한 사람도 많았어요.

미국의 사업가 잭 휘태커는 약 3억 달러의 복권에 당첨되어 벼락부자가 되었지만, 이후 음주 운전과 도박, 각종 소송으로 인해 큰돈을 잃고 빈털터리가 되었다고 해요. 휘태커는 "복권 당첨은 저주였다."고 고백했어요.

복권으로 큰돈을 거머쥐는 행운이 온다면 여러분은 기분이 어떨 것 같나요? 물론 뜻밖의 행운도 좋지만, 열심히 일해서 번 돈을 꼬박꼬박 저축해 꿈을 이룬다면 더 뜻깊지 않을까요?

| | 복권에 당첨되면 가장 하고 싶은 일을 순서대로 써 보세요. |
|---|---|
| 1 | |
| 2 | |
| 3 | |

**복권에 당첨되어도 불행해지지 않기 위해서는 어떻게 해야 할까요?**

# 13

# 나이 많은
# 우리나라

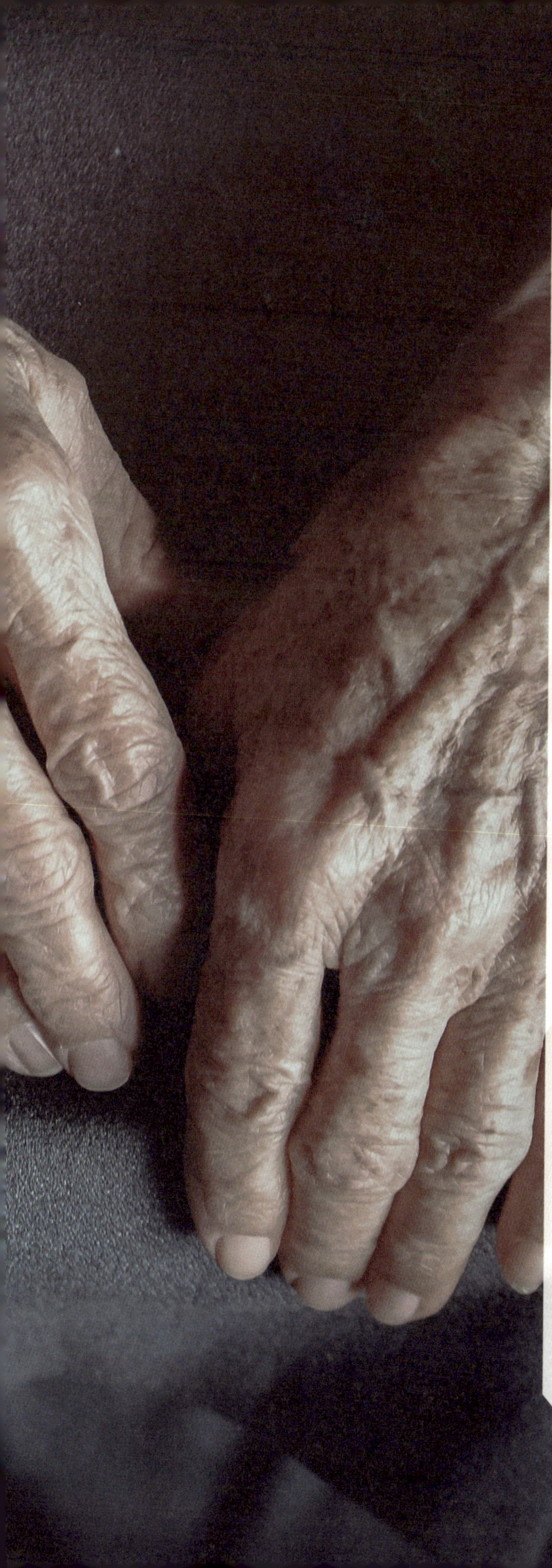

## 고령화 사회

국제연합(UN) 기준으로, 65세 이상 노인이 총인구에서 차지하는 비율이 7퍼센트 이상일 때 고령화 사회라고 불러요.

## 저출산

아이를 적게 낳아서 출산율이 감소하는 사회 현상을 말해요.

주요 국가의 65세 이상 인구 비율

|  | 2019년 | 2040년 | 2067년 |
|---|---|---|---|
| 대한민국 | 14.9% | 33.9% | 46.5% |
| 중국 | 11.5% | 23.7% | 29.9% |
| 일본 | 28.0% | 35.2% | 38.1% |
| 미국 | 16.2% | 21.6% | 25.1% |
| 이탈리아 | 23.0% | 33.6% | 36.1% |

(자료: 통계청)

## 우리나라 인구의 절반이 노인?!

위 그래프는 통계청이 예측한
우리나라 **65세** 이상 인구 비율이에요.
2067년에는 우리나라의 노인 인구가
전체 인구의 **절반** 가까이 차지할 전망이에요.

심지어 세계 주요 나라들과 비교해도
확연히 높은 비율이네요.

사실 우리나라는 이미 **고령화 사회**로 진입했어요.
전문가들이 진단하기를 2026년에는
**초고령화 사회***에 접어들게 될 거라고 해요.

*65세 이상 노인 인구가 차지하는 비율이 20퍼센트 이상인 단계.

## Q. 고령화 사회의 가장 큰 원인은?
## A. 저출산

의료 기술의 발전으로 평균 수명이 높아지고 있어요.
반면, 출산율은 점점 떨어지고 있지요.

2020년 우리나라의 합계출산율*은 0.84명이었어요.
이는 여성 한 명이 낳는 자녀의 수가 평균적으로
한 명도 채 되지 않는다는 뜻이에요.

노인들이 오래 사는 데 비해, 아이들은 태어나지 않으니
노인 인구의 비율이 계속 증가할 수밖에 없겠죠?

* 여성 한 명이 임신 가능 기간 동안 낳을 것으로 기대되는 평균 출생아의 수.

태어나는 아기들이 점점 줄어들고 있어요!

## 저출산·고령화 현상은 경제를 어렵게 만들어요.

왜냐하면 직업을 갖고 일할 수 있는
**생산가능인구**＊가 줄어들기 때문이에요.

**1년**에 1000명의 노동자가
스마트폰 **10만 대**를 만든다고 생각해 봐요.
그런데 생산가능인구가 **절반으로** 줄어든다면 어떻게 될까요?

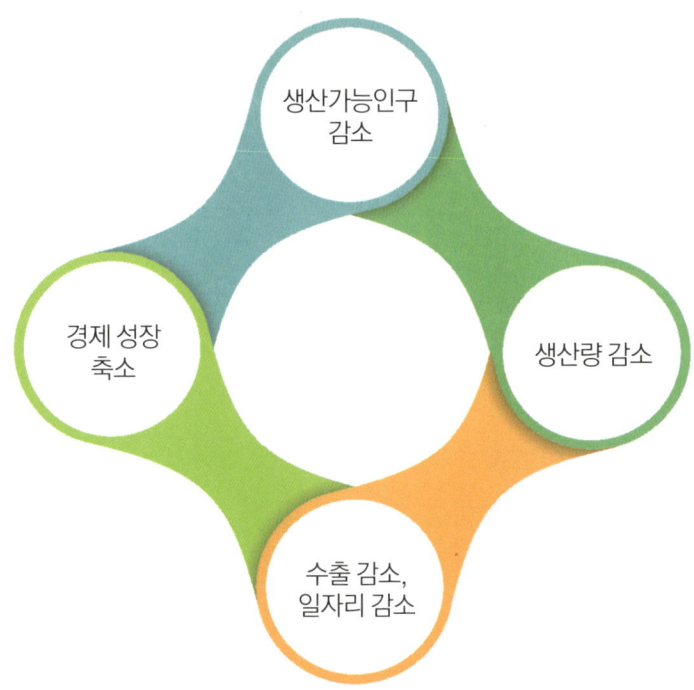

＊ 경제 활동이 가능한 만 15세~64세에 해당하는 인구.

한편 고령화 사회가 되면
**노인들을 위한** 제품이나 서비스는 점점 많아질 거예요.
정부에서는 이런 분야를
'**고령 친화 산업**'이라고 부르고 있어요.

다른 말로 '**실버산업**'이라고 해요.

음식을 씹기 힘든 노인을 위한 **부드러운 음식**,
몸이 불편한 노인을 돌봐 주는 **간병 로봇**,
의료 전문가가 상주하며 노인들끼리 모여 사는 **실버타운**까지.

고령화 사회에 새롭게 발전할 분야는 무궁무진해요.

일본은 우리나라보다 일찍 고령화 사회를 맞았어요.

일본 도쿄에는 **노인 고객에게 특화된** 백화점도 있어요.

이곳에는 보청기나 건강 식품 등이 진열된

**노인 전용 매장**이 따로 있어요.

에스컬레이터의 속도를 느리게 하고,

계단 손잡이도 노인 평균 키에 맞춰 낮게 만들었어요.

덕분에 고령 고객층의 마음을 사로잡아

매출이 늘었다고 해요.

**우리나라도** 곧 다가올 초고령화 시대를 맞아,

고령층에게 필요한 서비스와 상품을

마련하기 위해 열심히 고민해야 해요.

## 몇 살부터 노인일까?

우리나라는 노인복지법에 따라, 65세 이상이 되면 지하철을 무료로 탈 수 있어요. 이 정책이 처음 시행된 1984년에는 우리나라 인구 중 노인 비율이 4퍼센트도 되지 않았지요. 하지만 지금은 상황이 달라졌어요. 고령화 시대가 되면서 지하철을 무료로 타는 노인이 훨씬 많아졌거든요.

2019년 한 해 동안 서울 지하철 1~8호선을 무료로 탄 노인들의 교통비를 모두 합치면 3000억 원이 넘는다고 해요. 서울시의회는 2023년이 되면 무임승차로 인한 손실 비용이 지금보다 두 배 이상 많아질 수도 있다고 전망하고 있지요. 그래서 지하철 운영사에서는 적자를 감당하기 힘들다는 하소연이 나오고, 지하철을 무료로 탈 수 있는 노인의 나이를 70세 이상으로 올리자는 주장도 점점 많아지고 있어요.

하지만 이에 반대하는 목소리도 커요. 경제적 능력이 없는 노인을 위해 복지 차원에서 혜택을 유지해야 한다는 거예요. 게다가 지하철을 이용한 택배 배달로 생계를 유지하는 노인들도 있고요.

한편 지하철이 극심하게 붐비는 출퇴근 시간대만이라도 노인들에게 교통비를 받자는 의견도 있어요. 무료 승차를 아예 없애는 대신 요금을 절반으로 깎자는 주장도 있고요.

서로 의견이 팽팽하게 대립하여 지하철 무료 승차 문제는 세대 간의 갈등으로 번지기도 했어요. **여러분의 의견은 어떤가요? 고령화 시대를 헤쳐 나갈 현명한 해결책은 과연 무엇일까요?**

노인들의 지하철 무료 승차 혜택은 (필요하다고 / 필요 없다고) 생각합니다. 그 이유는…

_____
_____
_____

노인들의 지하철 무료 승차 혜택을 (지금보다 축소 / 지금보다 확대 / 지금처럼 유지)해야 한다고 생각합니다. 그 이유는…

_____
_____
_____

지하철을 무료로 탈 수 있는 노인의 나이는 (　　)살 이상이어야 한다고 생각합니다. 그 이유는…

_____
_____
_____

# 14

# 나이 들어도
## 안정된 삶을
## 살고 싶다면?

## 국민연금

국민들의 기본적인 생활을 보장하기 위한 제도로, 국민이 경제 활동을 할 때 낸 보험료를 기반으로 나이가 들거나 장애가 생겨 소득 활동이 불가능한 경우 연금을 지급해요. 가입자가 사망했을 때는 유족에게 연금을 지급해요.

2020년 기준,
우리나라 국민 중 국민연금을 받는 사람의 수는?

# 530만 명 돌파!

월평균 지급액은 54만 원이고,
한 사람이 가장 많이 받은 금액은 227만 원이라고 해요.

우아, 나라에서
돈을 준다고요?

### 도대체
국민연금이 뭐길래,
나라에서 돈을 줄까요?

나이가 들면 몸이 아프고 힘도 약해져서
일하기 힘든 시기가 와요.
그러면 그동안 **모아 놓은 돈으로** 의식주를 해결하고,
병원비를 내고, 취미 활동도 해야 해요.

하지만 모든 사람들이 죽을 때까지 쓸 생활비를
충분히 모아 놓기는 어렵지요.
갑자기 병에 걸리거나 사고를 당해
큰돈이 필요할 수도 있고요.

대한민국에서는 소득이 있는 만18세 이상 60세 미만의
사람이라면 **누구나** 국민연금에 가입돼요.
아르바이트를 하더라도 한 달에 60시간 이상 일하면
**자동으로** 국민연금에 가입되지요.
국민연금에 가입하면 매달 소득의 **9퍼센트**를 내요.
예를 들어 소득이 100만 원이라면,

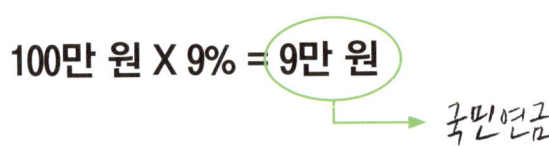

단, 직장에서 일한다면
국민연금의 절반인 4.5퍼센트를 회사에서 내준답니다.

## 국민연금을 받을 수 있는 조건은?

국민연금을 10년 이상 납부했다면,

일정한 나이가 되었을 때(1969년생 이후부터 만 65세)

**매달 월급처럼** 정해진 금액을 받을 수 있어요.

"시간이 지날수록 물가는 계속 오르는데,
매달 같은 금액을 받으면 손해 아니에요?"

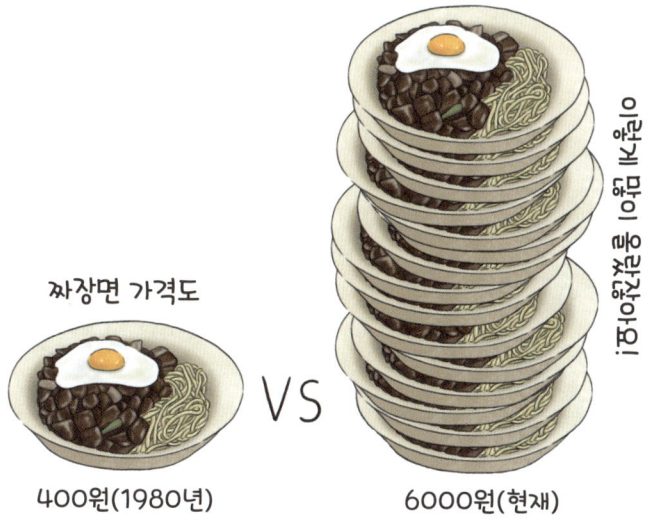

짜장면 가격도

400원(1980년) VS 6000원(현재)

이러다 중국집도 못 가겠어!

## 손해는 걱정하지 마세요!

국민연금은 과거의 평균 소득을 **현재의 가치로** 다시 평가해서 계산하는 데다, 매년 **물가 변동률**도 반영하고 있거든요.

## 예를 들어 볼게요.

2001년에 김 할아버지가 받은 국민연금은 약 59만 원이었는데, 2019년에는 약 92만 원으로 늘었어요.

바로 물가 상승률이 반영되었기 때문이에요!

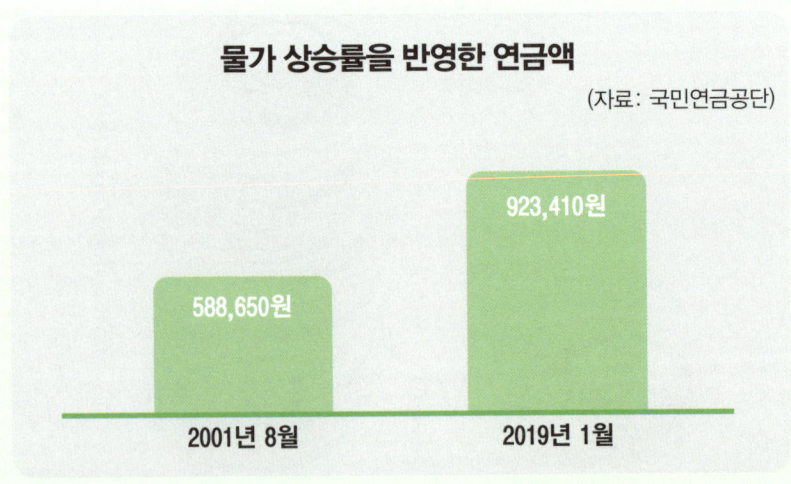

## 국민연금을 더 많이 받고 싶다면?

### ▶ 오래 낼수록!

가입 기간이 길수록 받을 수 있는 연금액도 늘어나요. 60세 이후에는 국민연금을 더 내지 않아도 되지만 원한다면 가입 기간을 연장할 수도 있지요.

**오래 낼수록 더 많은 돈이 쌓이겠죠?**

국민연금 월평균 연금액 비교

### ▶ 나중에 받을수록!

연금을 받을 수 있는 나이가 되어도 당장 생활이 어렵지 않다면, 연금을 받는 시기를 늦출 수 있어요. 그러면 받을 수 있는 금액이 늘어나요.

## 은퇴한 이후에도 계속 일하고 싶다면?

국민연금은 나이 들어 직장을 그만둔 뒤에도 안정적으로 생활할 수 있도록 도와주는 제도예요. 그렇다면 국민연금만 있으면 모든 사람이 편안한 노후를 보낼 수 있을까요?

2019년에 국민연금연구원이 50세 이상의 사람들을 대상으로, 노후를 보내기 위해 매월 생활비로 얼마가 필요하다고 생각하는지를 조사했어요. 그 결과 1인당 164만 원, 부부는 267만 원 이상이 필요한 것으로 나타났지요.

하지만 현재 국민연금에 20년 이상 가입한 사람들이 받는 돈은 평균 93만 원이에요. 편안한 생활을 하기에는 부족한 금액이에요. 따라서 윤택한 노후를 보내려면 국민연금 외에도 저축이나 개인연금이 필요할 거예요.

아니면 은퇴 이후에 새로운 일자리를 얻어 돈을 버는 방법도 있어요. 이러한 생애 두 번째 일자리를 '제2의 직업'이라고 불러요.

제2의 직업으로는 무엇이 있을까요? 등하교 도우미나 요양 보호사, 경비원, 지하철 택배원, 청소 도우미 등이 있어요. 어르신 바리스타가 직접 커피를 만들어 주는 카페도 있고, 어린이집에서 아이들에게 동화를 읽어 주는 '이야기 할머니'도 있지요. 이러한 '어르신 일자리'는 젊은 시절만큼 많은 돈을 벌 수는 없지만, 자신의 힘으로 소득을 얻을 수 있는 데다 새로운 것에 도전하는 기쁨도 맛볼 수 있어요.

이제 기대 수명이 늘고 평생직장은 줄어들어, 은퇴 후에 새로운 일자리를 찾는 것은 필수가 되었어요. 개인은 끊임없는 자기 계발로 미래를 대비하고, 기업과 나라는 직업 훈련을 제공하고 어르신 일자리를 창출하려는 노력이 필요해요. **여러분은 은퇴 후에 어떤 일을 하고 싶은지 이야기 나누어 보세요.**

## 나는 (　)살 이후에 은퇴하고 싶어요

은퇴 후 갖고 싶은 제2의 직업은 무엇인가요?

내가 꿈꾸는 은퇴 후의 인생을 자유롭게 쓰고 이야기 나눠 보세요.

# 15
## 최소한의 인간다운 삶, 기본소득

## 기본 소득

모든 국민의 안정된 생활을 위해 재산이 많든 적든, 일을 하든 하지 않든 상관없이 모든 국민에게 주는 소득을 말해요.

## 2017년, 핀란드에서 한 가지 실험이 진행됐어요.

"여러분, 오늘부터 일을 안 해도 기본 소득을 줄게요!"

핀란드 정부는

2년 동안, 25세~58세 실업자 중 2000명에게

매달 560유로(약 75만 원)를 지급하기로 했어요.

네, 공짜로요!

이 기간 중, **일자리를 구해도** 돈은 계속 주기로 약속했지요.

## 결과는?

"사람들의 행복 지수는 높아졌습니다.
다만 취업률은 큰 차이가 없었습니다."

**일을 안 해도** 매달 돈을 받으니까
굳이 스트레스 받으며 취업하려고 애쓸 필요가
없다고 여겼기 때문일까요?

핀란드가 실험으로 알아보려 했던 것은
**기본 소득**의 효과였어요.

### 기본 소득이란?
모든 국민이 최소한의 인간다운 삶을 누릴 수 있도록
정부가 조건 없이 모든 국민에게 일정 금액의 돈을
정기적으로 주는 것.

일을 하든 안 하든, 재산이 많든 적든
모든 국민에게 지급하는 거예요.

기본 소득은 **기술의 발전**과 함께
본격적으로 논의되기 시작했어요.

로봇이나 인공 지능 기술이 발달하면서
일자리가 줄어들고
소득 불평등이 심각해지면
**경제적으로 소외되는** 사람들이 많아질 테니까요.

기본 소득 제도를 실제로 시행 중인 곳도 있어요.
바로 **미국 알래스카주**예요.
1982년부터 1년 이상 알래스카에
거주한 사람이라면 누구나 기본 소득을 받아요.

돈이 어디서 나냐고요?
석유 같은 천연 자원을 수출한 돈으로
재정을 충당하고 있어요.

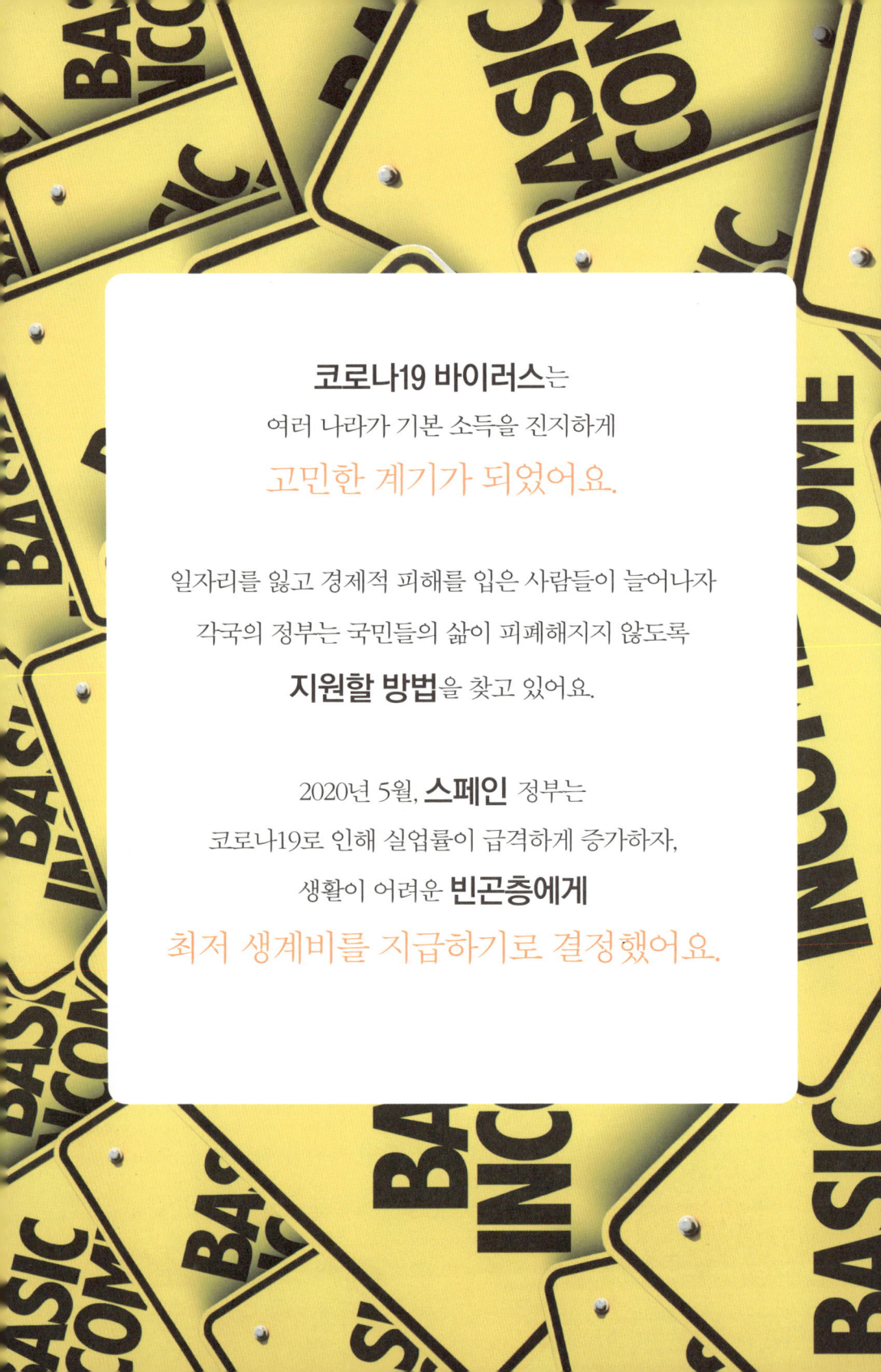

**코로나19 바이러스**는
여러 나라가 기본 소득을 진지하게
**고민한 계기가 되었어요.**

일자리를 잃고 경제적 피해를 입은 사람들이 늘어나자
각국의 정부는 국민들의 삶이 피폐해지지 않도록
**지원할 방법**을 찾고 있어요.

2020년 5월, **스페인** 정부는
코로나19로 인해 실업률이 급격하게 증가하자,
생활이 어려운 **빈곤층에게**
**최저 생계비를 지급하기로 결정했어요.**

우리나라 정부도 2020년 5월,
코로나19로 어려움을 겪고 있는 국민들을 위해
**긴급재난지원금**을 주었어요.

대한민국 국민이라면
**소득 수준에 상관없이** 모두 받을 수 있었지요.
이후로도 몇 차례 긴급재난지원금이 지급되었지만,
이때는 일정 소득 이하이거나 특정 업종의 사람들만
혜택을 받았어요.

물론 전염병이라는 특별한 상황 때문에
지급한 **재난지원금**과
지속적으로 일정한 금액을 주는
**기본 소득**은 많이 달라요.

하지만 코로나19와 긴급재난지원금의 등장으로,
앞으로 기본 소득에 대해 고민하는 나라들은
**점점 늘어날 거예요.**

**생각 주머니**

### 기본 소득 제도, 여러분의 결정은?

2016년 6월, 스위스에서 국민 투표를 실시했어요. 모든 국민에게 기본 소득을 주는 것에 대해 어떻게 생각하는지 묻는 투표였어요. 성인은 매달 2500프랑(약 310만 원), 어린이와 청소년은 625프랑(약 77만 원)을 받는다는 내용이었지요.

결과는 어땠을까요? 공짜로 돈을 준다니, 모두 찬성했을 것 같지 않나요? 하지만 투표한 사람들 중 77퍼센트는 기본 소득에 반대했어요. 투표가 이루어진 26개 주에서 모두 반대표가 압도적으로 많았다고 해요.

일을 하지 않아도 돈을 준다는데 왜 반대했을까요? 가장 큰 문제는 재정적 부담이에요. 모든 국민에게 나눠 주는 기본 소득의 재원을 마련하려면 세금을 많이 내야 할 수도 있으니까요. 게다가 이전에 정부가 제공했던 다른 복지 혜택이 오히려 줄어들 수도 있다는 점을 지적했어요. 근로 의욕이 저하될 수 있다는 의견도 있었고요.

결국 이 투표는 부결로 끝났지만, 기본 소득은 뚜렷한 장점도 있어요. 핀란드의 실험에서 봤듯이 기본 소득을 받은 사람들은 스트레스가 줄어들었고, 사회에 대한 신뢰와 미래에 대한 자신감이 높아졌다고 해요. 저소득층과 빈곤층의 삶의 질도 향상되고, 국내 소비가 늘어나 경제에도 도움이 될 것이라는 주장도 있어요. 또한 복지의 '사각지대'도 줄일 수 있어요. 혜택받을 대상을 조건에 따라 정한다면 자칫 공무원의 실수나 제도의 빈틈으로 인해 도움이 꼭 필요한 사람에게 혜택이 닿지 않는 경우도 생기거든요.

여러분은 기본 소득에 대해 어떻게 생각하나요? **우리나라에 기본 소득 제도가 도입되는 것을 찬성하나요, 아니면 반대하나요? 그렇게 생각하는 이유는 무엇인가요?**

**저는 기본 소득 제도에 (찬성 / 반대)합니다. 그 이유는…**

_____
_____
_____
_____
_____
_____
_____
_____
_____
_____
_____
_____

# 16

# 기름값과
# 비행기표의
# 관계는?

## 유가

원유가 사고팔리는 가격이에요. 세계 원유 시장을 지배하는 3대 원유에는 텍사스중질유, 브렌트유, 두바이유가 있는데, 우리나라는 주로 두바이유를 수입해요.

## 산유국

석유가 나는 나라를 뜻해요. 세계에서 가장 큰 산유국은 미국, 러시아, 그리고 사우디아라비아예요. 사우디아라비아를 중심으로 한 산유국 모임인 석유수출국기구(OPEC)도 있어요.

"휴, 휘발유 가격이 또 올랐군!"

"오늘은 휘발윳값이 내렸으니,
가득 주유해야지!"

시시각각 오르내리는 휘발유 가격!
휘발윳값의 비밀은
국제 유가*에 숨어 있어요.

국제 유가가 치솟으면,
휘발유 가격이 올라가요.
반대로 국제 유가가 떨어지면,
휘발유 가격도 좀 더 싸져요.

\* 국제 간의 거래에서 매매되는 석유의 가격.

유가는 **비행기표의 가격**에도 영향을 끼쳐요.

비행기 이용료  
공항세*  ⎬ 항공권 가격
유류 할증료

여기서 짚고 넘어가야 하는 건 바로 **유류 할증료!**

* 공항을 이용한 대가로 내는 돈.

국제 유가가 1달러 오르면,
항공사의 연료비는 300억 원 이상 치솟는다고 해요.

그래서 유류 할증료가 생겼어요.
유가 상승으로 인한 항공사의 손해를 줄이기 위해서요.

유가가 오르면
유류 할증료도 올라서
비행기표 가격도
비싸져요.

유류 할증료는 싱가포르 항공유의 **두 달 평균 가격**에 따라 바뀌어요. 만약 항공유 가격이 **일정 가격**을 넘지 않으면 유류 할증료가 부과되지 않아요.
그래서 유류 할증료가 0원일 때도 있어요.

## 국제 유가는 가공식품 가격에도 영향을 줘요.

여러분도 즐겨 먹는 과자를 예로 들어 볼까요?

과자를 만드는 데는 밀가루나 식용유 같은 재료가 필요해요.

이 재료를 과자 공장으로 옮길 때,

**비행기, 배, 또는 트럭**을 이용하지요.

**그러니까**
유가가 올라가면 휘발윳값과 운송비가 높아져,
최종 생산물인 과자 가격도 비싸지는 거예요.

**과잣값 = 원료비 + 제작비 + 운송비**

유가가 오르면 과자 포장지의 가격에도 영향을 줘요.

**포장지까지요?!**

포장지는 보통 **플라스틱**으로 만들어지는데,
플라스틱의 주재료도 **석유** 추출물이거든요.

어때요?
비행기표부터 과자 가격까지,
유가는 우리 경제 곳곳에 영향을 미치고 있지요?

## 석유를 대체할 미래의 에너지

2013년에 영국의 한 석유 회사가 발표한 자료에 따르면, 전 세계에서 가장 많이 사용되고 있는 에너지원인 석유는 앞으로 54.2년, 천연가스는 63.6년, 석탄은 112년 정도 쓸 수 있는 양밖에 남지 않았다고 해요. 석유, 석탄, 천연가스와 같은 화석 연료는 얼마 남지 않은 데다 지구 온난화를 일으키는 주범으로 밝혀지며, 고갈될 걱정이 없고 친환경적인 에너지의 개발이 절실해졌어요. 그래서 전 세계가 신재생 에너지를 개발하기 위해 노력하고 있답니다.

신재생 에너지는 크게 재생 에너지와 신 에너지로 나뉘어요. 재생 에너지는 자연에서 얻을 수 있는 에너지를 말해요. 태양으로부터 나오는 빛과 열을 이용하여 얻는 태양 에너지, 땅속의 열을 이용하여 얻는 지열 에너지, 바람을 이용하는 풍력 에너지, 파도의 힘을 이용하여 얻는 파력 에너지, 동식물에서

### 바이오 에너지의 종류

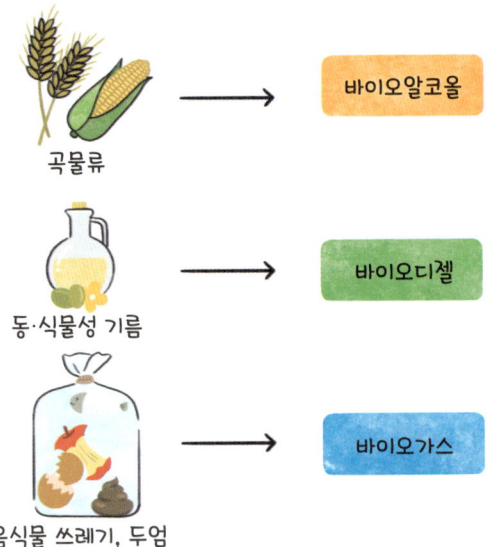

연료를 추출하는 바이오 에너지가 재생 에너지에 속해요. 이 중 바이오 에너지는 옥수수나 사탕수수 등을 발효시켜서 만드는 바이오알코올, 폐식용유 같은 식물성 기름과 돼지나 소 등의 동물성 지방을 원료로 만든 바이오디젤, 음식물 쓰레기나 가축의 똥오줌을 발효시켜 만드는 바이오가스 등으로 나뉘어요.

한편, 신 에너지는 기존의 에너지원에 새로운 기술을 적용해 얻는 에너지를 말해요. 연료 전지, 석탄 액화 가스화, 수소 에너지처럼 화석 연료를 변환시키거나 수소나 산소의 화학 반응을 이용한 에너지예요.

**신재생 에너지의 특징**

| | |
|---|---|
| 장점 | -오염 물질이나 이산화탄소 배출이 적어요.<br>-거의 고갈되지 않아요.<br>-지구 곳곳에 고르게 분포해요. |
| 단점 | -개발 초기에 투자 비용이 많이 드는 데 비해 경제성이 낮아요.<br>-자연 환경의 영향을 많이 받아요. |

우리나라는 석유가 나지 않아 에너지를 대부분 수입에 의존하고 있어요. 미래를 대비하기 위해서라도 대체 에너지 개발에 힘써야 할 거예요.
**10년 후에는 어떤 에너지가 우리 사회에서 많이 사용되고 있을지 친구들과 이야기 나누어 보세요.**

# 17
# 중국 vs 미국,
# 세계 경제 1등은 누구?

## G2

세계 경제를 이끌어 가는 두 국가, 미국과 중국을 가리킵니다.

## WTO

무역 자유화를 통한 전 세계의 경제 발전을 목적으로 하는 국제기구예요.

## 수출과 수입

수출은 자국에서 만든 상품이 다른 나라로 팔리는 것을, 수입은 다른 나라에서 만든 상품을 자국에서 사는 것을 뜻해요.

세계 경제 1등과 2등은 어느 나라일까요?

바로 미국과 중국입니다.

### 세계 GDP 순위 (2020년 기준)

1위. 미국
2위. 중국
3위. 일본
4위. 독일
5위. 영국
⋮
10위. 대한민국

**그런데,**

10년 후에는 이 순위가 바뀔 수도 있어요.

1978년만 해도 세계 11위였던 중국은

2010년, 일본을 누르고 2위로 뛰어올랐어요.

국제통화기금(IMF)과 홍콩상하이은행(HSBC)은

이렇게 전망했어요.

**"2030년이 되면 중국이 미국을 제치고
세계 경제 1위가 될 것이다."**

## 어떻게, 중국은 30년 만에 엄청난 경제 성장을 이뤄 냈을까요?

### 개혁 개방 정책

중국은 1978년부터 수출을 크게 늘리고,
외국의 투자도 적극적으로 유치했어요.
2001년에는 세계무역기구(WTO)에도 가입했고요.

"안에서는 개혁을, 밖으로는 개방을!"

### 세계의 공장

중국의 인구는 자그마치 **14억 명**!
노동력이 풍부한 데다 임금도 싼 편이기 때문에
애플, 삼성 등 많은 기업들이 중국에 공장을 세웠어요.
여러분이 갖고 있는 학용품도 한번 살펴보세요.
'메이드 인 차이나(made in china)'라고
쓰여 있지 않나요?

## 이제는 세계의 소비 시장이 된 중국

중국의 인구는 세계 최대인 만큼 소비 규모도 엄청나요.
특히 인터넷으로 제품을 사고파는 전자 상거래 시장은
전 세계에서 중국이 가장 커요.

중국에서는 매년 11월,
온라인 쇼핑 할인 행사인 '광군제'가 열려요.
**최근 광군제에서 11일간 거래된 금액은 무려 83조 원!**

카카오의 시가 총액* 이 약 70조 원인 것을 감안하면
중국인들의 **소비 파워**가 얼마나 어마어마한지 알겠죠?

* 발행된 주식을 시가로 평가한 총액으로, 그 기업의 실질적인 가치를 평가할 수 있는 지표.

2019년 겨울부터 시작된
**코로나19** 바이러스 사태를 떠올려 보세요.

우리나라를 찾는 중국인의 수가 크게 줄면서,
**관광객을 상대로** 장사하던 음식점이나 호텔,
면세점 같은 곳은 매출이 급격하게 줄었어요.

우리나라 기업과 공장도 큰 타격을 받았어요.
중국에 진출해 있던 공장들이 문을 닫았고,
나라 간 이동이 제한되자 기업들은 **수출길**이 막혔지요.

**중국이 세계 경제 1위가 된다면
영향력이 훨씬 더 커질지도 몰라요.**

**특히**
중국은 우리나라 수출량의
**25퍼센트**를 차지하고 있어,
한국은 중국 경제의 작은 날갯짓에도
크게 영향을 받을 수 있어요.

한 글로벌 금융 그룹은
중국의 GDP가 1퍼센트 떨어질 때,
**가장 큰** 영향을 받는 나라로
대한민국을 꼽기도 했어요.

중국 경제가 눈부신 성장을 이루는 사이,
여러 가지 문제점도 생겼어요.

## 가장 심각한 문제는 환경 오염이에요.

2019년 한·중·일 정부는 공동 연구를 통해 중국의 초미세먼지가 우리나라에 미치는 영향은 연평균 32퍼센트라고 밝히기도 했지요.

또 중국 도심 지역과 달리, 지방에서는 여전히 많은 사람들이 **빈곤**과 싸우고 있다고 해요.

중국이 진정한 선진국으로 성장하려면
환경, 빈부 격차, 실업률 등
여러 가지 문제를 극복해야 할 거예요.

## 20년 뒤, 세계 경제 속 대한민국의 모습은?

중국만 성장하고 있는 것은 아니에요. 우리나라도 꾸준히 성장하며 다양한 분야에서 1위에 오르는 저력을 보여 주고 있어요. 우리나라가 세계 1위인 분야는 무엇이 있을까요?

대한민국은 특히 IT 분야에서 독보적이에요. 세계에서 인터넷 속도가 가장 빠른 인터넷 강국인 데다, 스마트폰을 가진 사람의 비율이 95퍼센트로 세계에서 가장 높아요. 반도체 수출도 세계 1위이지요. 배를 만드는 실력도 한국이 최고예요. 전 세계에서 만들어지는 배 중 40퍼센트는 대한민국 조선소를 거쳤답니다.

음악과 영화 등 엔터테인먼트 분야에서도 세계의 이목을 끌고 있어요. 봉준호 감독의 영화 〈기생충〉은 비영어 영화로는 최초로 아카데미 작품상을 거머쥐었어요. 방탄소년단은 전 세계에서 인기를 끌며, 대한민국 가수 최초로 빌보드 차트 1위를 차지하기도 했지요.

20년 뒤에는 여러분이 대한민국 경제를 이끄는 주인공이 되어 있을 거예요. 우리나라가 세계 경제의 중심이 되기 위해서는 어떤 분야를 성장시키는 것이 좋을까요? **여러분은 미래에 어떤 모습으로 우리나라 경제를 이끌어 가고 있을까요? 2040년의 대한민국을 상상해 보세요.**

20년 뒤 대한민국의 경제를 이끌어 가는 분야는 무엇일까요?

_____

_____

_____

_____

여러분은 훗날 어느 분야에서 활약하며 대한민국의 경제를 이끌어 가고 있을지 상상해 보세요.

_____

_____

_____

_____

# 18
## 옥수수 빨대와 ESG

## ESG

기업이 투자 방식을 결정할 때 고려해야 할 요소로, 환경(Environment), 사회(Social), 지배구조(Governance)의 앞글자를 따왔어요.

카페에서는 음료를 포장 주문할 때만
**일회용 플라스틱 컵**을 사용할 수 있어요.

## 앞으로는…

2022년 6월부터,
**일회용 컵을 사용하려면 보증금을 내야 해요.**
나중에 빈 컵을 매장에 갖다줘야 돈을 돌려받을 수 있어요.

나중에는 **플라스틱 빨대**와
음료를 젓는 막대도 사용할 수 없을 거예요.
대신 종이나 옥수수처럼 **친환경 재료**로 만든
빨대로 대체될 거예요.

장례식장에서도 일회용품 사용을 자제하고,
집으로 짜장면과 도시락을 배달시켜도 나무젓가락을
제공하지 않는 움직임이 본격화되고 있어요.

마트에 장바구니를 챙겨가는 것은 당연한 일이 되었어요.
지금은 대형 마트나 백화점처럼 대규모 점포에서만
비닐봉지를 사용할 수 없지만,
이 정책은 점차 모든 업종으로 확대시켜 2030년에는
**비닐봉지를 완전히 퇴출**시키는 것이 목표라고 해요.

마트 안 자율 포장대에 있던 플라스틱 끈과 포장 테이프도
자취를 감춘 사실, 눈치챘나요?

다른 나라는 어떨까요?
일회용품 퇴출 운동에 가장 적극적인 곳은 유럽이에요.
**유럽 연합**(EU)의 회원 국가들은
플라스틱 폐기물에 세금을 매기는
'플라스틱세'를 징수하고 있어요.
또 뉴질랜드 정부는 2025년까지
플라스틱 빨대, 일회용 나이프 · 포크 · 숟가락, 접시 같은
일회용 플라스틱 제품 사용을
완전히 금지하는 것을 목표로 하고 있어요.

우리나라에서 일회용품 사용으로 발생하는 쓰레기는
연간 88만 7000톤에 이른다고 해요.
개수로 따지면 451억 개라고 하네요!
정말 어마어마하죠?

**환경부에서는**
일회용품을 점차 줄여 나가는 정책을 통해
2022년까지 쓰레기의 양을
**약 40퍼센트 줄일 계획이라고 해요.**

앞으로는 **환경**을 중요하게 여기는 기업의 가치가 올라갈 거예요. 그래서 요즘 **ESG 투자**가 주목받고 있지요.

ESG 투자는 **환경 보호, 사회 공헌,**
투명한 지배 구조를 위해 **도덕적 경영**에 앞장서는 기업,
한마디로 '착한 기업'의
주식을 사는 것을 의미해요.

환경 오염이나 지구 온난화로 인한
지진, 태풍, 홍수 등 피해가 커지자,
투자자들은 환경에 나쁜 영향을 끼치지 않고도
지속적으로 발전하는 기업을 높게 평가하고 있어요.

**혹시 탄소 배출권이라는 말을 들어 봤나요?**

온실가스를 배출할 수 있는 권리로,
지구 온난화와 기후 변화를 막기 위해 만들어진 제도예요.

기업은 정해진 범위 내에서만 온실가스를 배출해야 하고,
남거나 부족한 배출권은 **시장에서 거래**할 수 있어요.
만약 기준보다 온실가스를 많이 배출하면
돈을 내고 다른 기업의 탄소 배출권을 사야 하고요.

따라서 지금이라도 환경 보호를 위해 애쓰는 기업이
장기적으로 비용을 더 아낄 수 있겠죠?

### 경제와 환경, 두 마리 토끼를 모두 잡으려면?

요즘은 환경과 경제를 함께 활성화할 수 있는 '그린 뉴딜' 정책에 관심이 커지고 있어요.

그린 뉴딜이란 '환경과 사람이 중심이 되는 지속 가능한 발전'을 의미해요. 석탄, 석유 등의 화석 에너지에서 풍력, 태양열 등 환경을 오염시키지 않는 에너지로 전환하는 과정에서 고용과 투자를 늘린다는 것이 핵심 목표예요. 스탠퍼드 UC버클리 대학 공동 연구팀의 조사에 따르면, 대한민국이 2050년까지 100퍼센트 재생 에너지로 전환한다면 일자리가 144만 개 이상 늘어날 것이라고 해요. 뿐만 아니라, 에너지 전환으로 대기 오염이 줄어들면 조기 사망자가 연 9000명가량 줄어들 것으로 예상해요. 이는 환경과 경제 성장이 함께할 수 없다는 고정관념을 깨고 있어요.

정부는 에너지 전환 외에도 도시 숲 조성, 생태계 복원, 스마트 상하수도, 전기차와 수소차의 보급 확대, 친환경 기업 지원 등을 진행하고 있지요. 기업들도 이에 동참해 재생 에너지를 이용하고 탄소 배출을 줄이려고 노력하는 곳이 늘고 있어요.

그렇다면 우리가 일상생활에서 환경을 지키기 위해 할 수 있는 일에는 어떤 것이 있을까요? 먼저 일회용품 사용을 최대한 줄이려는 노력이 필요해요. 종이컵 대신 텀블러를 들고 다니고, 배달 음식을 시킬 때 일회용품을 받지 않는 방법도 있어요. 재활용할 수 있는 쓰레기는 깨끗이 씻어 분리수거 하는 것도 환경을 보호하는 방법이에요.

에너지를 절약하는 것도 중요해요. 사용하지 않는 가전제품의 플러그를 뽑아 두거나, 냉장고에 음식물을 꽉 채우지 않으면 전기를 아낄 수 있어요. 자동차 대신 대중교통이나 자전거를 이용할 수도 있고요.

10년 후의 미래를 생각해 본다면, 지금 약간의 불편함을 견디는 노력이 오히려 비용을 아끼고 지구와 사람을 지키는 일이 될 수 있어요. **그밖에 집과 학교에서 우리가 할 수 있는 일에는 어떤 것이 있을지 생각해 보세요.**

| 지구를 지키기 위해 해야 할 일 | 확인 |
|---|---|
| 1. 개인 컵을 들고 다녀요. | ✓ |
| 2. 장을 볼 때 시장바구니를 가져가요. | |
| 3. 외출할 때 가전제품의 플러그를 빼요. | |
| 4. | |
| 5. | |
| 6. | |
| 7. | |
| 8. | |

### 〈나는 똑똑한 경제인일까요?〉 결과

**'예'가 10개라면**  여러분은 완벽하게 똑똑한 경제인이에요! 바람직한 소비 생활을 하고 있어요. 어른이 되어도 이 마음 변치 마세요.

**'예'가 6~9개라면**  똑똑한 경제인이 될 날이 머지않았어요. 지금 용돈 기입장을 펼쳐서 불필요한 소비 생활을 한 적은 없는지 꼼꼼히 살펴보세요. 충동 구매를 하지 않고 계획적인 소비만 하더라도 똑똑한 경제인이 될 수 있어요.

**'예'가 3~5개라면**  노력하면 언제라도 똑똑한 경제인으로 변신할 수 있어요. 평소 용돈 기입장을 작성하나요? 작성한다면 충동 구매를 한 적은 없는지, 꼬박꼬박 저금을 하고 있는지 생활 습관을 돌아보세요. 만약 용돈 기입장을 작성하지 않는다면, 오늘부터 작성해 보세요. 현명한 소비 생활을 할 수 있을 거예요.

**'예'가 0~2개라면**  아직 실망하긴 일러요! 똑똑한 경제인이 되는 첫걸음부터 알려 줄게요. 먼저 평소 용돈을 받을 때마다 한꺼번에 다 쓰지 말고, 조금이라도 저축을 하세요. 그리고 남은 돈으로 필요한 물건만 구매하세요. 용돈 기입장을 쓰는 것도 잊지 말고요.

## 01

뉴시스 (2020.07.13.), "손흥민 몸값 1000억시대…축구 이적료의 모든 것", https://new om/view/?id=NISX20200712_0001092167&cID=10523&pID=10500

매일경제 (2020.06.17.), "GDP는 국경 안에서 일어나는 생산활동 총합", https://www.mk.co.kr/news/economy/view/2020/06/618857/

연합뉴스 (2021.03.20), "코로나 휩쓴 작년 한국 행복지수 95개국 중 50위", https://www.yna.co.kr/view/AKR20210320030700009?input=1195m

지속가능발전해법네트워크 (2021), 〈세계행복보고서 2021〉, https://worldhappiness.report/ed/2021/

한국은행 (2021.06.09.), "2019년 국민계정(확정) 및 2020년 국민계정(잠정)"(보도자료), https://www.bok.or.kr/portal/bbs/P0000559/view.do?nttId=10064884&menuNo=200690

CNBC (2021.04.20.), "Here are the 10 biggest economies in the world–before the pandemic vs. now", https://cnbc.com/2021/04/21/coronavirus-worlds-10-biggest-economies-before-covid-pandemic-vs-now.html?__source=androidappshare

Forbes (2021), "The World's Highest-Paid Celebrities," https://www.forbes.com/celebrities/list/

## 02

연합뉴스 (2019.05.10.), "70대 이상 노인 6%만 모바일뱅킹 이용…30대는 87%", https://www.yna.co.kr/view/AKR20190509173400002?input=1195m

중앙일보 (2019.12.03.), "요즘 돈관리 이렇게 하더라…90년생 은행원 폰엔 이것 있다",

https://news.joins.com/article/23647444

한국경제 (2019.04.21.), "OO페이 폭풍성장…결제규모 2년 만에 3배 급증", https://www.hankyung.com/economy/article/2019042161241

한국은행 (2021.04.27.), 〈2020 지급결제 보고서〉

## 03

경향신문 (2019.08.18.), "'100원대' 잔돈도 자동 저금…요즘 젊은층은 '소확행 재테크'", http://news.khan.co.kr/kh_news/khan_art_view.html?art_id=201908182118005

국민일보 (2020.01.07.), "'현금 없는 사회' 스웨덴, "현금 사수" 목소리 왜 커지나", http://news.kmib.co.kr/article/view.asp?arcid=0924116714&code=11151100&cp=nv

매일경제 (2020.01.15.), "작년 폐기화폐 6억 4000만장…롯데월드타워 높이 117배", https://www.mk.co.kr/news/economy/view/2020/01/49223/

어린이조선일보 (2017.03.07.), "동전이 사라진다", http://kid.chosun.com/site/data/html_dir/2017/03/06/2017030601958.html

조선비즈 (2019.09.12.), "1000원으로 보험 들고 투자까지…'잔돈 금융' 붐", https://biz.chosun.com/site/data/html_dir/2019/09/11/2019091101918.html

한국은행 (2020.01.06.), "최근 「현금 없는 사회」 진전 국가들의 주요 이슈와 시사점"(보도자료), https://www.bok.or.kr/portal/bbs/P0000559/view.do?nttId=10055872&menuNo=200690

한국은행 (2020.03.10), "한국은행,「2019년 지급수단 및 모바일금융서비스 이용행태 조사 결과」 발간(보도자료), https://www.bok.or.kr/portal/bbs/P0000559/view.do?nttId=10056929&menuNo=200690

한국은행 (2021.02.04.), "2020년 중 손상화폐 폐기 및 교환 실적"(보도자료), http://www.bok.or.kr/portal/bbs/P0000559/view.do?nttId=10062806&menuNo=200690

## 04

고용노동부(정책자료 〉 분야별 정책 〉 근로조건 개선 및 복지 확충 〉 최저임금보장제도 게시글 참고), http://www.moel.go.kr/policy/policyinfo/lobar/list7.do
세계일보 (2019.06.28.), "2030년까지 일자리 2000만개 로봇이 대체", https://www.segye.com/newsView/20190627513196?OutUrl=naver
연합뉴스 (2019.01.03.), "롯데리아·맥도날드 매장 60%에 키오스크…24시간 매장 '반토막'", https://www.yna.co.kr/view/AKR20190102068300030?input=1195m
한겨레 (2019.12.22.), "메이저리그, 5년 안에 '로봇심판' 도입", http://www.hani.co.kr/arti/sports/baseball/921677.html
LG경제연구원 (2018.05.15.), 〈인공지능에 의한 일자리 위험 진단〉, http://www.lgeri.com/uploadFiles/ko/pdf/econ/LGERI_Report_20180515_20185115125132221.pdf

## 05

국세청(현금영수증 안내 〉 현금영수증 제도 소개 게시글 참고), https://www.hometax.go.kr/websquare/websquare.wq?w2xPath=/ui/pp/index_pp.xml&tmIdx=10&tm2lIdx=1003000000&tm3lIdx=1003000000
뉴시스 (2019.12.23.), "[연말정산AtoZ]'현금 영수증 못 준다'는 가게, 신고하고 포상금 받으세요.", https://newsis.com/view/?id=NISX20191223_0000868068&cID=10401&pID=10400
어린이국세청(세금공부방 〉 세금의 뜻 〉 세금의 용도 게시글 참고) https://kids.nts.go.kr/kid/cm/cntnts/cntntsView.do?mi=7596&cntntsId=7055

## 06

과학기술정보통신부, 한국과학기술기획평가원 (2018), 〈2018년 기술영향평가 결과보고 블록체인의 미래〉
매일경제 (2017.06.08.), "5월 22일은 비트코인 '피자데이'", https://www.mk.co.kr/

news/economy/view/2017/06/382308/
어린이조선일보 (2018.01.23.), "4차 산업혁명 핵심 기술, 블록체인", http://kid.chosun.com/site/data/html_dir/2018/01/22/2018012201797.html
중앙일보 (2021.07.01), "헤지펀드 전설 소로스의 펀드도 비트코인 투자 나섰다", https://news.joins.com/article/24095661

## 07

매일경제 (2016.07.01.), "자율주행 첫 사망사고 충격…센서만으론 한계 드러낸 무인차", https://www.mk.co.kr/news/special-edition/view/2016/07/473465/
매일경제 (2020.03.31.), "올 하반기부터 자율차 운행 중 사고나면 일반차처럼 보험사가 우선 손배", https://www.mk.co.kr/news/economy/view/2020/03/333623/
연합뉴스 (2020.01.05.), "운전대 손 떼도 알아서 주행하는 자율주행차 7월부터 출시 가능", https://www.yna.co.kr/view/AKR20200103111200003?input=1195m
중앙일보 (2019.03.02.), "미국서 연이은 테슬라 차량 사망사고…자율주행차 안전 논란", https://news.joins.com/article/23399958
한겨레 (2018.03.20.), "보행자 숨지게 한 우버 자율주행차, 시험 운행 괜찮을까?", http://www.hani.co.kr/arti/international/america/836889.html#csidxceac878bbdee5ca9206d92cc5c4bacb
한국경제 (2018.03.21.), "우버 사망사고 '후폭풍'… 도요타, 자율주행차 시험운행 중단", https://www.hankyung.com/international/article/2018032128081
한국일보 (2018.04.01.), "테슬라 '캘리포니아 사고, 자율주행 중 발생'_ 안전성 의문 커져", https://www.hankookilbo.com/News/Read/201804011762211656

## 08

머니투데이 (2018.08.29.), "에어비앤비의 거꾸로 혁신", https://news.mt.co.kr/mtview.php?no=2018082811432748662
문화일보 (2020.02.05.), "부엌·문화공간·장난감도 나눠쓴다"… 송파구 '공유경제' 실험", http://www.munhwa.com/news/view.html?no=2020020501033303021001

중앙일보 (2019.05.23.), "공유경제 더디지만, 20년 후엔 주차해 둔 차가 스스로 돈 벌어 온다", https://news.joins.com/article/23476527
하나금융경영연구소 (2016.02.18.), 〈공유경제 트렌드 확산에 따른 산업 생태계 변화〉, http://www.hanaif.re.kr/boardDetail.do?hmpeSeqNo=31666

## 09

매일경제 (2007.10.30.), "금리의 경제학, 복리저축은 시간 지나면 눈덩이처럼 불어", https://www.mk.co.kr/news/special-edition/view/2007/10/590876/
머니투데이 (2019.05.05.), "'복리의 마법'… 어린이날 선물 '펀드' 어때요?", https://news.mt.co.kr/mtview.php?no=2019050314130748048
중앙일보 (2020.05.05.), "맡아줄게, 엄마 배신? 어린이날 용돈 잘 굴리는 법", https://news.joins.com/article/23768995
한국경제 (2015.12.21.), "'돈 관리' 하는 법까지 상속하라", https://www.hankyung.com/news/article/2015122057131

## 10

머니투데이 (2019.05.01.), "미키인형·아이폰? 디즈니·애플株 어때…주식선물 유행", https://news.mt.co.kr/mtview.php?no=2019042913385590308

## 11

경제정의실천시민연합 (2021.01.14.), "서울 아파트 6만3천 세대 시세변동 분석결과"(보도자료), http://ccej.or.kr/66632
서울경제 (2020.02.18.), "핫한 성수동 임대료 급등 막은 성동구 '젠트리피케이션 방지 대책'", https://www.sedaily.com/NewsView/1YYYZ5VUW5
서울신문 (2018.09.11.), "살인적 집값 상승에… 맥도날드·차에서 잠드는 억대 연봉 난민", http://www.seoul.co.kr/news/newsView.php?id=20180911011001&wlog_

tag3=naver
아시아경제 (2018.06.10.), "'젠트리피케이션'이 부른 비극‥폭력으로 번진 서촌 궁중족발", http://view.asiae.co.kr/news/view.htm?idxno=2018061017461661755
이코노미스트 (2021.06.10.), "매년 58만명이 서울 떠났다‥이사 이유 1위는 '주택 문제'", https://economist.co.kr/2021/06/10/realEstate/realEstateNormal/20210610150500291.html
한국일보 (2020.03.29.), "40년 동안 쌀값은 3배, 강남 아파트는 84배 올랐다", https://www.hankookilbo.com/News/Read/202003291448785198

## 12

매일경제 (2016.03.24.), "복권에 당첨되면 정말 행복할까?", https://www.mk.co.kr/news/society/view/2016/03/219566/
어린이동아 (2020.08.09.), "[눈높이 사설] 돌반지 30만 원 시대", http://kids.donga.com/?ptype=article&no=20200809143515382648
한경닷컴 (2021.06.13), "금(金) 투자, 나에게 맞는 투자방법 따로 있다", https://www.hankyung.com/economy/article/202106091221Q
헤럴드경제 (2020.07.15.), "[itM] 20년 더 파내면 고갈… 금값, 더간다", http://news.heraldcorp.com/view.php?ud=20200715000290
CBS김현정의뉴스쇼 (2019.10.17.), "[탐정손수호] 로또 당첨, 파국으로 가는 이유", https://www.nocutnews.co.kr/news/5229256
YTN (2020.03.20.), "金도 믿지 못하는 불안…코로나 패닉", https://science.ytn.co.kr/program/many_vod_view.php?s_mcd=0082&s_hcd=&key=202003201110591779

## 13

경향신문 (2020.02.26.), "슬픈 0.92명…지난해 합계출산율 사상 최저", http://biz.khan.co.kr/khan_art_view.html?artid=202002262141005&code=920100
매경이코노미 (2015.01.02.), "사회구조 변화 소용돌이 빠진 일본", https://www.mk.co.kr/news/economy/view/2015/01/4624/

통계청 (2019.09.02.), "2019년 세계와 한국의 인구현황 및 전망"(보도자료), http://kostat.
go.kr/portal/korea/kor_nw/1/1/index.board?bmode=read&aSeq=377226

한국경제 (2020.01.28.), "서울 지하철, 노인 등 무임승차 손실 3700억", https://www.
hankyung.com/society/article/202001281141i

헤럴드경제 (2017.11.22.), "생활경제 국내 백화점은 일본처럼?…시니어, 백화점 큰손되다",
http://news.heraldcorp.com/view.php?ud=20171122000068

KBS (2021.06.07.), "신분당선 '노인 무임승차 폐지' 추진…서울교통공사, 계획 없지만 국비 보전", https://news.kbs.co.kr/news/view.do?ncd=5203422&ref=A

## 14

경향신문 (2021.05.08.), "꼰대? 응 아니야! 우린 '유아들의 아이돌' 이야기할머니란다",
https://www.khan.co.kr/national/national-general/article/202105080600035

국민연금공단(연금정보 > 알기 쉬운 국민연금 > 국민연금이란 게시글 참조), https://
www.nps.or.kr/jsppage/info/easy/easy_01_01.jsp

국민연금온에어, "국민연금 낸 돈보다 많이 받는다는데, 사실일까?"(국민연금 제도 게시글 참조), https://www.npsonair.kr/advantages/detail.html?&strIdx=1219&strType=&strBn=BASICBOARD&strNextJumpQuery=&_CFG_POP_YN=Y

국민연금온에어, "국민연금 수급자 500만 돌파! 최고 연금액은 얼마?"(국민연금 제도 게시글 참조), https://www.npsonair.kr/advantages/detail.html?strIdx=1258&strType=&strBn=&strNextJumpQuery=&_CFG_POP_YN=Y

국민연금온에어, "국민연금 수령액 높이는 방법? 가입기간을 길~게 늘리세요!"(국민연금 제도 게시글 참조), https://www.npsonair.kr/advantages/detail.html?&strIdx=1361&strType=&strBn=BASICBOARD&strNextJumpQuery=iFKNcjejSpNhU_wliFKNcedlc2HgiFKNcjiBTHiQHNep$jgQHj$RcVd*XREatws6AbQdtmE*SXNRbNK2d6g$X6QnmHagm$11&_CFG_POP_YN=Y

어린이보건복지부, "보건복지부는 이런 일을 해요."(연금제도 게시글 참조), http://www.
mohw.go.kr/kids/content/sub010204.jsp

연합뉴스 (2020.12.29.), "노후 적정 생활비 얼마로 여길까…부부 월 268만원-개인 165만원", https://www.donga.com/news/article/all/20181226/93442448/1

연합뉴스 (2021.03.16.), "국민연금 월 200만원 이상 수급자 437명…최고액 월 227만원",

https://www.yna.co.kr/view/AKR20210316055800530?input=1195m

## 15

연합뉴스 (2020.05.07.), "핀란드 기본 소득 실험, 행복감 높였지만 취업장려 효과는 적어", https://www.yna.co.kr/view/AKR20200507003000098?input=1195m
KB금융지주경영연구소 (2016.08.18.), 〈기본 소득(Basic Income)의 내용과 시사점〉, https://www.kbfg.com/kbresearch/vitamin/reportView.do?vitaminId=1003338

## 16

동아사이언스 (2019.02.10.), "[Science토크]경제성 불투명하다는 수소경제 성공하려면", http://dongascience.donga.com/news/view/26730
자연에너지기술공사 (Environment 〉 바이오 에너지 게시글 참고), https://natureenergy.modoo.at/?link=3i80z4p0
조선비즈 (2020.01.07.), "국제유가 상승에 산업계 초긴장…항공권 유류할증료 오를까", https://biz.chosun.com/site/data/html_dir/2020/01/07/2020010702268.html?utm_source=naver&utm_medium=original&utm_campaign=biz
한국경제 (2017.01.17.), "유류할증료 '0원 시대' 끝", https://www.hankyung.com/news/article/2017011674791
한국경제 (2020.07.1.), "밑그림 나온 수소경제‥수소차 85만대 공급·전문기업 1000곳 육성", https://www.hankyung.com/realestate/article/202007010457e
BP, 〈BP Statistical Review of World Energy June 2013〉, http://large.stanford.edu/courses/2013/ph240/lim1/docs/bpreview.pdf

## 17

연합뉴스 (2018.09.27.), "HSBC, 중국 2030년 미국 추월해 세계 1위 경제대국 된다",

https://www.yna.co.kr/view/AKR20180927033000009
연합뉴스 (2018.12.16.), "중국 개혁개방 40돌…문화혁명 폐허에서 GDP 155배↑", https://www.yna.co.kr/view/AKR20181216018900083?input=1195m
연합뉴스 (2020.06.01.), "반도체 선전에도 자동차 부진에…두 달 연속 급감한 한국 수출", https://www.yna.co.kr/view/AKR20200601069551003?input=1195m
이투데이 (2020.01.06.), "세계 선박 10대 중 4대는 한국이 만든다…조선업 수주 2년 연속 세계 1위", https://www.etoday.co.kr/news/view/1841968
조선비즈 (2019.02.05.), "ICT/미디어 한국 스마트폰 보유율 95%.…세계 1위", https://biz.chosun.com/site/data/html_dir/2019/02/06/2019020600746.html
조선일보 (2020.05.28.), "한국 GDP 11년만에 뒷걸음, 8위에서 10위로", https://news.chosun.com/site/data/html_dir/2020/05/27/2020052704413.html?utm_source=naver&utm_medium=original&utm_campaign=news
중앙일보 (2020.02.03.), "신종 코로나로 중국 경제 무너지면, 치명타 1위는 한국", https://news.joins.com/article/23696565
중앙일보 (2020.02.05.), "아이폰 90% 중국서 생산…애플도 신종 코로나 직격탄 맞나", https://news.joins.com/article/23698073
헤럴드경제 (2020.05.25.), "백화점 '큰손' 중국인이 사라졌다", http://news.heraldcorp.com/view.php?ud=20200525000354
헤럴드경제 (2020.06.14.), "'코로나發 셧다운' 집에서 잠시 쉬는 제조업 근로자 12만명 증가", http://news.heraldcorp.com/view.php?ud=20200614000002

# 18

경향신문 (2019.11.22.), "'2021년부터 배달음식에 1회용 수저 사용 금지' 1회용품 감축 계획 발표", https://www.khan.co.kr/national/labor/article/201911221131001#csidxc260f1e4963837e9364d420f6c8ec3d
연합뉴스 (2020.02.19.), "한국, 100% 재생에너지로 바꾸면 30년간 일자리 144만개 늘어", https://www.yna.co.kr/view/AKR20200218159400004
연합뉴스 (2021.06.28.), "뉴질랜드, 2025년까지 일회용 플라스틱과 '결별'", https://www.yna.co.kr/view/AKR20210628102700009?input=1195m
조선일보 (2020.10.20.), "유럽은 '플라스틱세' 도입 본격화… 한국은?", https://

www.chosun.com/special/future100/fu_general/2020/10/20/
QHMPODDJGVC5XFFDZBIIRV6ASE/?utm_source=naver&utm_
medium=original&utm_campaign=news

조선일보 (2021.02.16.), "내년 6월부터 대형카페·제과점선 일회용컵 돈내고 쓴다",
https://www.chosun.com/national/transport-environment/2021/02/16/
IHDPYFUXTFBLHOUQTYFZSAQWRY/?utm_source=naver&utm_
medium=referral&utm_campaign=naver-news

한국판 뉴딜, "도시·공간·생활 인프라 녹색전환" (대한민국 대전환 〉 한국판 뉴딜 핵심내용 〉 그린 뉴딜 게시글 참고), https://www.knewdeal.go.kr/front/view/newDeal02.do

## 찾아보기

| E |
ESG  203, 208

| G |
G2  193
GDP  9, 14~19, 194~198
GNI  18
GNP  9, 14~16

| ㄱ |
가상 자산  71, 80, 81
간편 결제  24, 25, 29, 33, 35
고령 친화 산업  156
고령화 사회  151, 153~158
공유 경제  95, 97~102
국민연금  161~168
금리  111, 123, 131, 133~136
기본 소득  170~172, 174~179

| ㄷ |
달러  108

| ㅂ |
배당금  122
복리  108
부동산  131, 135~137, 139
블록체인  71, 75, 77~79
비트코인  71~74, 76~78, 80

| ㅅ |
생산가능인구  155
세계무역기구  193, 195
세금  55, 57~62, 66, 67, 178, 207
스노우볼 효과  109
스마트 금융  21, 29, 30
신재생 에너지  190, 191

| ㅇ |
안전 자산  143, 147
언택트  45, 48
원금  105, 108, 110, 111
위험 자산  143
유가  181, 183~186, 188, 189
유류 할증료  184~187

이자  27, 105, 107~109, 111, 114, 119, 131,
       134, 135, 139

| ㅈ |
자율 주행 자동차  83, 85~90, 92, 93
저축  42, 43, 69, 106, 108, 110~112, 114,
       115, 123, 134, 135, 148, 168, 212
저출산  151, 154, 155
젠트리피케이션  140
주식  42, 110, 114, 117~123, 127, 128, 136,
       143, 196, 208

| ㅌ |
탄소 배출권  209
투기  136
투자  42, 72, 110, 111, 113~115, 117, 119,
       122~125, 128, 129, 135, 147, 191, 203,
       208, 210

| ㅍ |
펀드  42, 80, 114, 117, 121, 122, 147,

| ㅎ |
합계출산율  154
현금 영수증  55~57, 60, 62~67
환경 오염  17, 88, 100, 199, 208